Impressum

Text: Amélie Marguerite Förster, Sascha Otto
Satz & Lektorat: rap verlag
Grafik: www.gudrunbarthdesign.com
Druck und Weiterverarbeitung: oeding print GmbH, Braunschweig

ISBN: 978-3-942733-07-6

1. Auflage 2013

© rap verlag, Freiburg im Breisgau, in der R.A.P. Presse-Verlag-Werbung GmbH

Kontakt: kontakt@rap-verlag.de

Alle Angaben in diesem Stadtführer erfolgen ohne Gewähr und ohne Anspruch auf Vollständigkeit.

Alle Rechte vorbehalten. Nachdruck, auch auszugsweise, sowie Verbreitung durch Film, Funk, Fernsehen und Internet, durch fotomechanische Wiedergabe, Tonträger und Datenverarbeitungssysteme jeglicher Art nur mit schriftlicher Genehmigung des Verlags.

»ENDLICH BIELEFELD!«

Dein Stadtführer

4   **Bielefeld ... endlich!**

6   **Wo wohnst Du?**
8 Gebrauchsanweisung // 10 Brackwede // 16 Dornberg // 20 Gadderbaum // 24 Heepen // 30 Jöllenbeck // 34 Mitte // 39 Schildesche // 44 Senne // 48 Sennestadt // 52 Stieghorst

58   **Von A nach B**
60 Ein erster Überblick ... // 61 Mit dem Zweirad auf Achse // 64 ... oder doch lieber mit den Öffentlichen? // 66 Mit dem Auto

68   **Hunger?**

70   **Essen zu Hause**
71 Einkaufen // 73 Wochenmarkt // 73 Bringdienste

78   **Essen unterwegs**
79 Schnell und auf die Hand // 82 Mittagspause // 86 Suppen und Eintöpfe // 87 Abend? Essen! // 88 Einmal um die ganze Welt ... in Bielefeld // 95 Wenn's mal was Besonderes sein soll

98   **Durst?**
100 Heißgetränk gefällig? // 103 Lecker und gesund // 104 Wein // 105 Bier // 109 Cocktails

112   **Es ist Sommer**
114 Ein Eis bitte! // 116 Rein ins kühle Nass! // 120 Chillen und grillen // 122 Picknick // 124 Spiel & Spaß // 130 Draußen sitzen // 131 Mit dem Hund

132   **Frostige Zeiten**
134 Hallenbäder, Sauna und Wellness // 137 Sportlicher Indoor-Winter // 140 Der klassische Wintersport // 142 Vorweihnachtliches // 144 Neujahr/Silvester

146   **Feiern**
148 Das Nachtleben // 156 Der Heimweg

158 **Sonntage**
160 Am Sonntag in die Kirche? // 161 Frühstück und Brunch // 164 Kaffee und Kuchen – der Sonntagsklassiker! // 165 Der Sonntagsspaziergang // 166 Ausflüge in die Umgebung // 169 Einkaufen an Sonn- und Feiertagen

170 **Besuch? Tourikram ...**
172 Stadtführungen & Spaziergänge // 175 Wenn es mal wieder regnet // 175 Alternativen zum üblichen Sightseeing? // 177 Besuch(en) macht hungrig! // 179 K.o. vom Vortag? // 179 Souvenir gefällig?

180 **Kultur und so**
182 Kino // 185 Theater // 189 Konzerte // 193 Chöre // 194 Jazz & Blues // 195 Museen & mehr // 199 Sehenswertes rund um Bielefeld // 201 Lesungen // 202 Poetry Slam // 204 Festivals

208 **feste Feste**
210 Bielefelder Nachtansichten // 210 Leinewebermarkt // 211 La Strada // 211 Carnival der Kulturen // 211 Christopher Street Day // 212 Sparrenburgfest // 212 Schweinemarkt // 213 Wackelpeter // 213 Weinmarkt // 214 Oktoberfest // 214 Glückstalertage // 214 Run & Roll Day // 215 Hoeker-Fest // 215 Hermannslauf // 215 Detmolder Winzerfest

216 **Mythen**
218 Der Ursprung einer Verschwörungstheorie // 218 Sieben Thesen zu Bielefeld

224 **Bielefeld fiktiv**
226 Bielefeld zum Lesen // 232 Filmreifes Bielefeld

236 **Sprachregeln und nützliche Vokabeln**
238 Sprachregeln // 240 Vokabeln für den Alltag

242 **Deine Bielefeld-Notizen**

Bielefeld ... endlich!

Hm. Nun gut, das ist jetzt nicht unbedingt etwas, das man häufig zu hören bekommt. Aber nur weil hier nicht alles mondän, pulsierend oder architektonisch beeindruckend ist, heißt das nicht, dass man in der „Metropole Ostwestfalens" nicht hervorragend leben, studieren, arbeiten und Spaß haben kann. Wie bunt und abwechslungsreich Bielefeld wirklich ist, das muss man aber normalerweise in jahrelanger Detektivarbeit selbst herausfinden – und die Herausforderungen werden ja nicht kleiner, wenn man ganz neu in der Stadt und vielleicht sogar in Ostwestfalen ist:

Du liest unzählige Wohnungsanzeigen, weißt aber nicht, in welchem Stadtteil Du schön, naturnah, günstig, studentisch oder besonders exklusiv wohnen kannst. Du möchtest am Wochenende mal so richtig ins Nachtleben eintauchen, landest aber im gruseligsten Club der Stadt. Du hast vergessen, für den Sonntag einzukaufen und keine Ahnung, wo Du jetzt noch was zu essen herbekommst. Und was bitte machen die Bielefelder, um sich von diesem Dauerregen abzulenken? Das sind nur einige Probleme, vor denen Du in Deiner neuen Stadt stehen wirst.

Aber jetzt ist Schluss mit ewigen Selbstversuchen, faulen Kompromissen und unzähligen gescheiterten Abenden: Dieses Buch soll Dir helfen, Dich in Deiner Stadt von Anfang an zu Hause zu fühlen und das zu finden, was Du wirklich suchst. Essen, Trinken, Feiern und Genießen, Freizeit, Kultur, Spaß und einfach Leben – genau darum geht es in

»ENDLICH BIELEFELD!«

Damit Du das alles so richtig auskosten kannst, sind unsere Autoren durch die ganze Stadt gestreift – immer auf der Suche nach den schönsten Ecken, den besten Leckerbissen, den ausgefallensten Kuriositäten und dem besonderen Etwas in Bielefeld. Sie haben viele, viele Kilometer zu Fuß, mit dem Fahrrad, den Öffentlichen oder dem Auto zurückgelegt, Notizblock und Kamera in der Hand, haben Fotos geschossen und dabei Wind und Regen getrotzt. Viel Regen. Das alles hat sich aber wirklich gelohnt, denn heute hältst Du tatsächlich dieses Buch in Deinen Händen.

Es ist vorläufig fertig, muss sich aber als Dein persönlicher Ratgeber und Begleiter immer wieder verändern und weiterentwickeln. Denn vieles in Bielefeld verändert sich ebenfalls jedes Jahr. Wäre sonst ja auch langweilig. Das Tolle ist also, Du darfst – ja sollst sogar – in diesem Buch herummalen, Kommentare an den Rand schreiben, Dinge durchstreichen, markieren und aktualisieren und ihm Deine persönliche Note verleihen (Natürlich nur, wenn es Dir auch gehört, nicht, wenn Du es gerade im Buchladen anschaust). Um Dir die Hemmungen zu nehmen, haben wir selbst schon einmal angefangen mit dem kritzeln ...

Wir wünschen Dir viel Spaß mit

»ENDLICH BIELEFELD!«

und Deiner neuen Stadt!

Rieke Kersting
   Philipp Appenzeller

»ENDLICH BIELEFELD!«

Jetzt auch online:

www.facebook.com/
EndlichBielefeld

Bielefeld

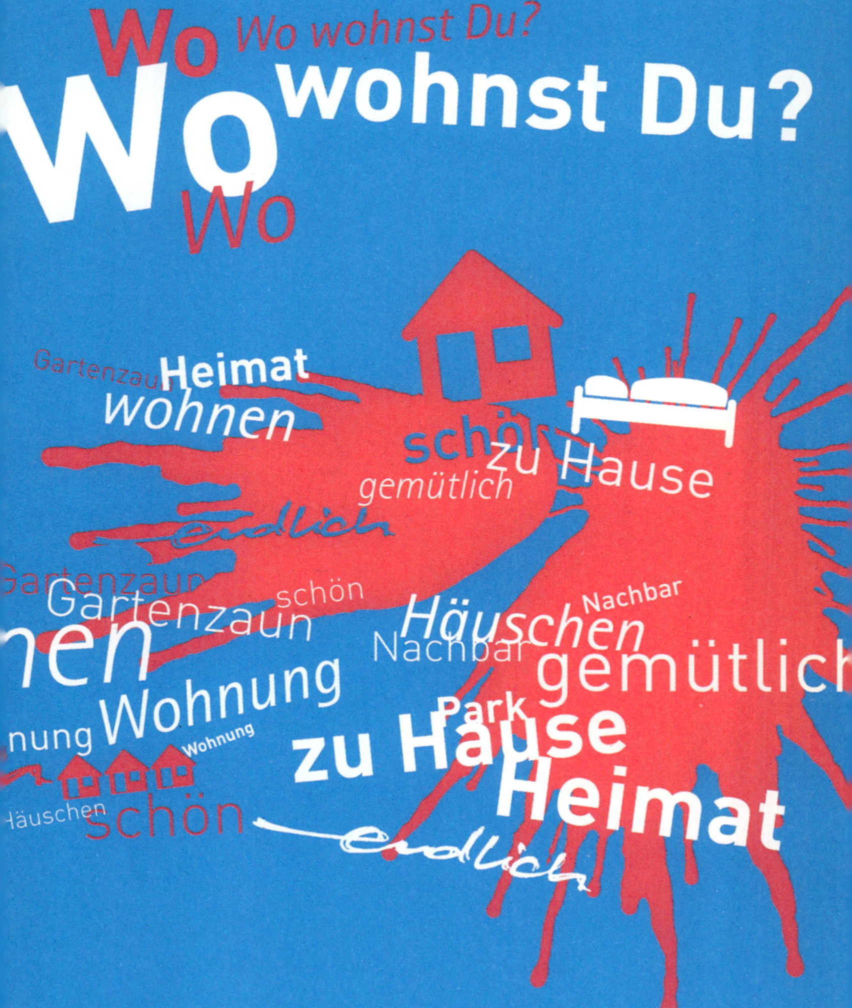

Wo
Wo wohnst Du?
Wo
wohnst Du?
Wo
Gartenzaun
Heimat
wohnen
schön
zu Hause
gemütlich
endlich
Gartenzaun
Gartenzaun
schön
Nachbar
Häuschen
nen
Nachbar
gemütlich
Wohnung
Park
nung
Wohnung
zu Hause
Heimat
Häuschen
schön
endlich

//8 Wo wohnst Du

zu Hause   Park
gemütlich   Heimat
wohnen

Gebrauchsanweisung

Während sich eine ganze Menge Verschwörungstheoretiker überall im Land darüber amüsiert, dass Bielefeld unauffindbar ist – weil es gar nicht existiert – erwarten Dich als Neu-Bielefelder ganz andere Probleme: Du musst Dich nämlich in der Stadt selbst zurechtfinden. Touris haben es da leicht, denn für die gibt's immer einen gratis Innenstadtplan und die Sehenswürdigkeiten sind schnell gefunden. Aber Du suchst ja nicht nur die Sparrenburg, Du hast ganz andere Bedürfnisse:

S. „Bielefeld fiktiv", S. 178

Am wichtigsten in einer neuen Stadt ist es für die meisten, eine passende Wohnung zu finden, in der man leben, feiern, relaxen, kochen, Freunde beherbergen und sich wohlfühlen kann. Doch ganz so einfach ist das nun mal nicht, wenn man sich vor Ort nicht auskennt. Wenn Du bei der Wohnungssuche Namen liest wie „Jöllenbeck", „Senne", „Brake" oder „Lämershagen-Gräfinghagen", bist Du genauso schlau wie vorher. Zumal Bielefeld offiziell in zehn Bezirke gegliedert ist, innerhalb derer jedoch zahllose mehr oder weniger informelle Stadtteile bestehen. Normalerweise dauert es viele Jahre, bis man die Stadt wirklich kennt und beschließt: Diese oder jene Gegend in Bezirk a, b oder c kommen für mich in Frage, der Rest aber nun einmal leider nicht. Und selbst wenn Du schon länger in Bielefeld lebst, kennst Du sicher noch nicht alle Bezirke und ihre interessanten Ecken.

Wir möchten Dir die Orientierung in Bielefeld etwas erleichtern und stellen in diesem Kapitel die einzelnen Bezirke inklusive ihrer Stadtteile vor. Das entsprechende Lebensgefühl vermitteln wir gleich dazu. So siehst Du fast auf einen Blick, ob Du hier wohnen möchtest oder nicht. Willst Du TATSÄCHLICH nur einen Blick riskieren, so halte Dich an die gelbe Infobox. Hier findest Du wichtigste Eckdaten im Überblick:

Einwohnerdichte: In Bielefeld haben die Leute sehr unterschiedlich viel Platz. Es gibt Bezirke, da kann man noch vors (eigene) Haus pinkeln, ohne gesehen zu werden, und solche, in denen Dir fünf Nachbarn gleichzeitig in die Wohnung gucken. Und das, obwohl Du im siebten Stock wohnst.

Grünfläche: Bielefeld hat nicht nur viele Parks zu bieten, sondern auch den Teutoburger Wald und jede Menge Feld und Wiese in den Außenbezirken. Trotzdem fällt es in manchen Bezirken sehr viel leichter, ein Fleckchen Natur zum Erholen zu finden, als in anderen.

Distanz zum Jahnplatz: Der Jahnplatz ist der Nabel der Stadt. Hier kreuzen sich nicht nur vier Hauptverkehrsstraßen, sondern der Jahnplatz ist auch Knotenpunkt für den Öffentlichen Nahverkehr. Hier treffen sich die Straßenbahn- und Buslinien, ja sogar alle 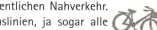 Nachtbuslinien kannst Du von hier nehmen. Und genau deshalb ist der Jahnplatz ein idealer Treffpunkt. Mitten auf ihm steht außerdem eine große Uhr, die Alcina-Uhr – gestiftet von der namensgebenden Firma Alcina. Aber eigentlich verabredet sich ganz Bielefeld immer nur an der „Jahnplatzuhr". Die Distanz zum Jahnplatz ist also schon bei der Wohnungssuche ein wichtiger Faktor!

NOTIZEN

Natürlich hat jeder Bezirk, und sei er noch so sichtbetonlastig, auch seine **besonderen Plätze** mit toller Aussicht, einem Fleckchen Grün, einem romantischen Lokal oder einem alternativen Kulturzentrum.

Damit Dir nicht erst der Zufall zu Hilfe kommen muss, um auf diese außergewöhnlichen Orte zu stoßen, zeigen wir Dir in jedem Bezirk mindestens einen besonderen Platz.

//10 Wo wohnst Du?   zu Hause   Park
gemütlich   Heimat
wohnen

Brackwede

Willkommen in Brackwede! Um gleich allzu großer Verwirrung zuvorzukommen: Brackwede ist der Name eines Stadtbezirks im Südwesten von Bielefeld und zugleich der Name des größten Stadtteils (23.000 Einwohner) in diesem Bezirk. Zum Bezirk gehören außerdem die weniger urbanen Stadtteile Holtkamp (530 Einwohner), Quelle (8.000 Einwohner) und Ummeln (6.000 Einwohner).

Wie Senne und Sennestadt liegt auch Brackwede südlich des Hauptkamms des schönen Teutoburger Waldes und ist so geografisch vom Rest Bielefelds deutlich abgetrennt. Mit dem Rad ins Zentrum fahren ist also eher nicht angesagt. Im Süden berührt der Bezirk sogar die Stadtgrenze der nicht ganz so sehr für ihre Schönheit bekannten Nachbarstadt Gütersloh.

In Brackwede bist Du im flächenmäßig größten Stadtbezirk Bielefelds gelandet – fast 40 Quadratkilometer umfasst er. Zudem ist das Gebiet schon sehr lange besiedelt: Erste urkundliche Erwähnungen stammen aus dem Jahr 1151. Bis 1956, als Brackwede die Stadtrechte erhielt, galt es übrigens als das größte Dorf Europas! Dann, 1970, wurden Quelle, Holtkamp und Ummeln eingemeindet. Aber nur drei Jahre später wurde ganz Brackwede auch schon zum Stadtbezirk Bielefelds.

Das Wahrzeichen des Bezirks ist die Bartholomäuskirche. Sie brannte im Jahre 1990 beinahe völlig aus und wurde dann wieder aufgebaut, wobei die Stadt großen Wert darauf legte, sich nicht zu sehr vom neugotischen Bau aus dem Jahr 1892 zu entfernen. Hier

Häuschen   schön   Wohnung
   Gartenzaun   Nachbar   //11

kannst Du jedes Jahr am vierten Advent Brackwedes ältestem Verein, dem MGV Teutoburger Liederkranz lauschen, wenn er seine Musik zur Weihnacht zum Besten gibt.

INFOBOX

Einwohnerdichte:

Distanz zum Jahnplatz: 5-12 km

Grünfläche:

Wohnen in Brackwede

Wenn Du Familienleben und lebendige Mehrfamilienhäuser liebst, bist Du in Ummeln gut aufgehoben. Brauchst Du viel Platz zum Nachbarn und einen eigenen Garten, findest Du eher in Holtkamp ein Zuhause. Quelle bietet Dir dagegen zum einen richtiges Dorfleben zum anderen aber auch eine Bleibe im Wohnblock, wenn Du das denn möchtest – gut angeschlossen an den Öffentlichen Nahverkehr Richtung Zentrum bist Du hier auch noch. Am besten mit Bus und Stadtbahn versorgt bist Du aber als Bewohner des Stadtteils Brackwede. Und günstig wohnen kann man hier auch noch.

Brackwede ist einer der Bezirke Bielefelds, die mit einer eigenen Infrastruktur aufwarten können. In der Linie 1 (Richtung Senne), die direkt über die Hauptstraße fährt, bekommst Du schnell einen Eindruck, wie gut die Einkaufsmöglichkeiten sind – und wie viele

Bielefeld   **Bielefeld?**

dlich   endlich   endlich

//12 Wo wohnst Du? zu Hause gemütlich Park Heimat wohnen

Nationalitäten hier leben. Das multikulturelle Flair schlägt sich auch in der Supermarkt-Kultur nieder: Denn vor allem im Stadtteil Brackwede gibt es eine bunte Auswahl an Läden, in denen Du die verschiedensten Köstlichkeiten aus aller Welt bekommst.

--> s. auch „Einkaufen", S. 71

Für einen richtigen Stadtbummel musst Du zwar wohl oder übel den Weg ins Zentrum antreten, entspannt Klamotten & Co. shoppen geht aber auch in Brackwede selbst, fernab der Besucherströme in der Bielefelder Innenstadt. Neben Schuhgeschäften gibt es einige Boutiquen, Drogerien, Möbelläden, Parfümerien und andere Läden, wo Du Dein Geld lassen kannst. Bummeln ist aufgrund des Verkehrs, der sich über die Hauptstraße in Brackwede schiebt, zwar nicht besonders entspannt, aber möglicherweise stellt das daraus resultierende Großstadtgefühl einen kleinen Trost dar.

An der Gütersloher Straße in Richtung Ummeln findet sich sogar ein zweites, in die Länge gezogenes Stadtteil-Zentrum mit Schuhladen, Bäcker, Sparkasse, Weinladen, Frisör und Supermärkten. Für das tägliche Leben ist also auch dort alles vorhanden.

Während die Bewohner Brackwedes und Quelles einen eigenen Bahnhof vor der verwöhnten Nase haben, von dem aus Du binnen weniger Minuten das Stadtzentrum erreichen kannst, sieht es weiter südwestlich in Ummeln und Holtkamp mit der Anbindung an den öffentlichen Nahverkehr schlechter aus. Zwar verkehren hier mehrere Buslinien, diese stellen ihren Betrieb aber unter der Woche gegen Abend ein und da beide Stadtteile doch recht weitläufig sind, ist der Weg zur nächsten Haltestelle meist nicht ganz kurz. Am

Wochenende fährt der Bus dann sogar nur noch gut einmal pro Stunde. In Ummeln und Quelle hält dafür aber immerhin ein Nachtbus, mit dem Du nach zehn Minuten Fahrt vom Jahnplatz den heimischen Stadtteil erreichst. --> s. auch „Von A nach B", S. 58

Der Bus-Fahrplan lässt es schon erahnen: Holtkamp ist sehr ländlich geprägt. Es gibt viele Einfamilienhäuser mit großen Gärten und nur wenige sehr kleine Siedlungen. Verlässt Du Dein heimisches Gelände, bist Du sofort im Grünen. Hier gibt es viele Bauernhöfe und wer gern Erdbeeren, Spargel und Eier direkt beim Bauern kauft oder selbst Blumen schneiden möchte, findet an der nicht allzu stark frequentierten Landstraße die Möglichkeit dazu. Auch der Weg Richtung Ummeln ist lohnenswert, denn dort gibt es gleich mehrere Hofläden: Von Kartoffeln über Eier bis zu Äpfeln und Birnen bieten sie alles frisch vom Bauern an.

In den Gewerbe- bzw. Industriegebieten Brackwedes wird aber auch fleißig gearbeitet: Hier findest Du z.B. ThyssenKrupp, den Getränkehersteller Christinen Brunnen und Mannesmann. Aber auch Baumärkte und Läden wie Jacques` Weindepot oder Ikea sind ganz in der Nähe – da schlägt nicht nur das Studentenherz höher!

Was macht den Bezirk sonst noch aus? Nicht zuletzt schöne, richtig alte Fachwerkhäuser! Vor allem das **Fachwerkhaus Baumhöfener** (Hauptstr. 27), dessen Innengerüst vermutlich aus dem Jahr 1556 stammt, ist etwas Besonderes: Es ist eines der ältesten Gebäude der Stadt, wurde inzwischen saniert und beherbergt das schicke Restaurant **1550**, wo Du Dir moderne regionale Küche mit

//14 Wo wohnst Du?

internationalem Esprit schmecken lassen kannst. Außerdem findest Du in Brackwede alle erdenklichen Schulformen, eine Sternwarte, das Klinikum Rosenhöhe, die Evangelische Stiftung Ummeln, zwei Stadien und eine JVA.

Freizeit in Brackwede

Auch kulturell hat der große Stadtteil einiges zu bieten: Lust auf Kino, aber zu faul, bis in die Stadt zu fahren? Donnerstags und freitags zeigt das **Melodie-Filmtheater** in der Aula der Realschule Brackwede (Königsstr. 40) aktuelle Filme. Das Kinoprogramm findest Du hier: www.brackwede.de/melodie

Auch Leseratten müssen sich nicht erst auf den Weg ins Zentrum machen. In Brackwede und Ummeln gibt's kleine, aber feine Buchläden. Wer lieber Bücher leiht, geht in die **Stadtteilbibliothek** in der Germanenstraße. Gebrauchte Exemplare gibt's beim Bücherflohmarkt, der immer mal wieder stattfindet – auf Aushänge achten! Außerdem findest Du das **Medienarchiv Bielefeld/"Frank Becker Stiftung"** in der Hauptstraße. Hier werden unglaubliche 40.000 Rollen Filmmaterial aus den letzten 100 Jahren Filmgeschichte gehortet! Viel Spaß beim Stöbern: www.medienarchiv-bielefeld.de

--> s. auch „Kultur und so", S. 18

Du willst vor Ort nicht gleich als Nicht-Brackweder geoutet werden, sondern noch ein wenig die verführerische Illusion aufrechterhalten, dass es sich bei Dir um einen echten Eingeborenen handelt? Dann sprich Brackwede „Braakwede" aus! Das „c" verkürzt hier nicht, sondern ist als Dehnungszeichen zu verstehen.

Für noch mehr Aussprachetipps s. „Sprachregeln", S. 238

Naturfreibad Brackwede

Zu viel im Kino-, Fernseh- oder Lesesessel gefläzt? Dann wird es Zeit für Bewegung: Sport wird in Brackwede nämlich ganz groß geschrieben, da kommst Du also kaum drum herum. Der größte Sportverein vor Ort ist die **Sporvereinigung Brackwede** (SVB). Hier sind vor allem die Handball-Jugendmannschaft und die Badminton-Mannschaft zu erwähnen, die beide auf Landes-Niveau spielen. Und im **Auqawede** (Duisburger Str. 4), dem lokalen Schwimmbad mit Saunalandschaft, trainiert regelmäßig die Unterwasserrugby-Mannschaft. Aber es darf natürlich auch jeder normale Schwimmer seine Bahnen ziehen. Nur ein paar Meter weiter können Pirouetten auf der **Oetker-Eisbahn** (Duisburger Str. 8) gedreht werden.

-->s. auch „Frostige Zeiten", S. 132

Für (Renn-)Radfahrer und Inlineskater gibt es jede Menge Straßen und zum Teil neu asphaltierte Radwege, die entlang der Höfe und Landstraßen in Richtung Gütersloh und Steinhagen führen. Hier kommen nur selten Autos vorbei. Sportler haben also die Möglichkeit, sich richtig auszutoben. Auch für ausgedehnte Spaziergänge oder Geocaching bietet Brackwede sich an, denn der Bezirk kann durchaus mit vielen schönen Ecken aufwarten, die etwas versteckter liegen.

Der besondere Platz

Badenixen und Naturfreunde kommen besonders im **Naturfreibad Brackwede** (Osnabrücker Str. 63a), direkt hinter dem Bahnhof, auf ihre Kosten. Da es in Bielefeld keinen Badesee gibt, ist das die einzige Möglichkeit, in (quasi) freier Wildbahn zu plantschen. Das Wasser aus der Lutter-Ems-Quelle ist glasklar und die Bepflanzung allein sorgt für den Erhalt der Wasserqualität. Die Rettung für Leute mit Chlorallergie! Und auf der großen Liegewiese kommt wirklich ein bisschen Baggersee-Flair auf. Beispielsweise, wenn Du am kleinen Strand die Füße in den warmen Sand steckst ...

//16 Wo wohnst Du? zu Hause gemütlich Park Heimat wohnen

Dornberg

Großdornberg, Niederdornberg-Deppendorf, Kirchdornberg, Hoberge-Uerentrup, Schröttinghausen und Babenhausen, so heißen die sechs Stadtteile, die den Bezirk Dornberg bilden. Klingt irgendwie schon nicht sehr urban, oder? Und fragt man die Einwohner des Bezirks, was das Leben in Dornberg ausmacht, bekommt man auch immer die gleiche Antwort: „Bei uns ist es fast wie auf'm Dorf!" In der Tat ist das Leben nordwestlich der Endhaltestelle der Linie 4 und der Uni Bielefeld dörflich – und um von einem „Stadtteil-Dorf" in das andere zu kommen, musst Du fast immer eine Menge Feld, Wald und Wiese hinter Dich bringen.

Wohnen in Dornberg

Aber wer hier jetzt nur Familien und Rentner erwartet, der täuscht sich: Rund um den Lohmannshof in Großdornberg ist alles sehr studentisch. Eines der größten Studentenwohnheime der Stadt steht da umrundet von einer Mehrfamilienhaus-Siedlung. Und diese Lage erweist sich als ungemein praktisch, denn die Uni Bielefeld im angrenzenden Bezirk Schildesche ist nur ein paar hundert Meter entfernt. Neben den eher großen Wohnhäusern im südlichen Teil von Großdornberg gibt es einige Neubaugebiete mit schönen, zum Teil großzügigen Einfamilienhäusern mit Garten.

Auf den ersten Blick scheint der Lohmannshof zwar das Ende der kleinen Biele-Welt zu sein. Hast Du den Dornberger Auenpark am Ende des Zehlendorfer Damms aber erst einmal durchwandert, landest Du in einer familienfreundlichen Siedlung mit Reihen-, und freistehenden Häusern, noch weiter nördlich wird's dann aber wirklich ländlich.

Aber auch in den Bauernkaten auf dem Land gibt es die eine oder andere ausgebaute Einzimmerwohnung, in der Du Dich einquartieren kannst. Von dort aus ist der Weg in die Stadt im Winter zwar beschwerlicher, im Sommer dafür aber umso schöner. Als Radfahrer kannst Du Kühe und Pferde auf der Koppel beobachten und Dir die frische Landluft um die Nase wehen lassen – längere Strecken sollten Dir natürlich nichts ausmachen.

Inmitten der ländlichen Idylle finden sich zum Beispiel in Kirchdornberg und Niederdornberg-Deppendorf etwas größere Wohnkomplexe und Siedlungen, in denen meist junge Familien, ältere Leute sowie Studenten oder Uni-Mitarbeiter wohnen, die die Nähe zur Arbeit schätzen, aber auch die Natur lieben. Außerdem locken die niedrigen Mieten Sparfüchse in den Norden. Während die Radwege dorthin auch mit dem Hollandrad problemlos zu meistern sind, brauchen Bewohner von Hoberge-Uerentrup auf jeden Fall ein Mountainbike, denn der Weg rauf auf den Berg ist mit dem gemütlichen 3-Gang-Drahtesel oder der alten Rostlaube nur schwer zu bewältigen.

Trotz seines ländlichen Charakters ist der Bezirk mit allem ausgestattet, was Du für das tägliche Leben brauchst. Supermärkte, Apotheken, Blumenläden, Ärzte und auch Bio- bzw. Hofläden

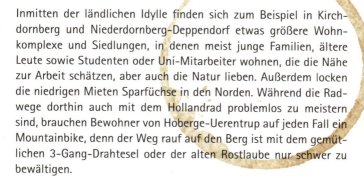

INFOBOX

Einwohnerdichte:

Distanz zum Jahnplatz: 4,5–9,8 km

Grünfläche:

gibt es in Dornberg zur Genüge. Da solltest Du einfach mal die Augen nach dem nächsten in Deiner Umgebung offen halten. Einige bieten für Bewegungsfaulere auch die Möglichkeit an, eine Bio-Kiste mit Obst, Gemüse und Milch in regelmäßigen Abständen nach Hause liefern zu lassen.

--> s. kapitel „Hunger?" s. 71

Wer einen neuen Personalausweis braucht, muss dafür genauso wenig ins Zentrum, sondern fährt zum Amt Dornberg. Da kannst Du Deinen Wohnsitz anmelden, aber auch alle anderen Dinge erledigen, für die sonst ein Gang zu den Beamten ins Rathaus nötig wäre. Apropos Beamte – auch wenn Du schon länger in Dornberg wohnst, wirst Du quasi nie einen Polizisten sehen. Die friedliche Idylle „da draußen" trügt eben nicht.

Freizeit in Dornberg

Wenn Du am Abend aus der Stadt nach Dornberg zurück willst, hast Du Glück, denn bis 0.00 Uhr fährt unter der Woche auch ein Bus bis ins nördlich angrenzende Werther und so können Bewohner von Dorn-, Großdorn- und Kirchdornberg auch unter der Woche getrost mal ein Glas Wein mehr mit den Freunden trinken gehen, ohne danach für ein Taxi tief in die Tasche greifen zu müssen. Das gilt am Wochenende natürlich auch.

Für einen Cocktail oder eine leckere Pizza ist der Weg bis in die Stadt zu weit? Dann kann der Durstige fix zum **Pappelkrug** (Wertherstr. 311) aufbrechen. Die Studentenkneipe ist heute sowohl von ehemaligen als auch aktuellen Studenten und anderen jungen Leuten gut besucht und bei Fußballspielen ist die Hütte erst recht voll.

Das mag einerseits an der einmaligen Stimmung, andererseits aber auch an den leckeren Cocktails und den fairen Preisen liegen.

Auch sonst findet sich in der näheren Umgebung bei einer kleinen Entdeckungstour das ein oder andere Restaurant oder schnuckelige kleine Café. Etwas versteckt liegt zum Beispiel der Zirkuswagen des **Köckerhof-Hofcafés** (Babenhauser Str. 30). Die leckeren Waffeln duften schon bis zur Hofeinfahrt und auch die Kuchenauswahl kann sich sehen lassen. Das Gute daran: Auch unmotorisiert kommst Du nach einem knapp 15-minütigen Marsch zum Hof, denn er liegt nur einen Kilometer von der Endhaltestelle Babenhausen Süd entfernt. In der Umgebung leben übrigens hauptsächlich Studenten und alteingesessene Bielefelder Familien.

Wenn Du ein Bewegungs-Junkie bist, solltest Du im **Sportland Dornberg** (Babenhauser Str. 325) vorbeischauen. Dort kannst Du Dich bei (Tisch-)Tennis, Fußball, Fitness, Squash und Badminton auspowern. Für arme Studenten gibt es Spezialangebote und auch sonst sind die Mitgliedsbeiträge fair.

Das kühle, erfrischende Nass kannst Du im Sommer in den zwei **Freibädern** in Dornberg und Schröttinghausen genießen. Den Schmöker für die Liegewiese bekommst Du in der **Dornberger Stadtteilbibliothek** (Werther Str. 436).

An einer Stelle musst Du Dir aber nichts vormachen: Für Nachtschwärmer und Clubliebhaber gibt es in Dornberg nichts zu lachen: Vor Ort nach einem Club zu suchen ist sinnlos – ein langer Ritt durch die Nacht ins Zentrum ist daher unvermeidlich.

//20 Wo wohnst Du?   zu Hause   Park
gemütlich   Heimat
wohnen

Der besondere Platz

Das Lokal und Hotel **Schwedenfrieden** liegt direkt an der Schwedenschanze und im Keller befindet sich eine Bodega – ja, richtig gelesen. Das im kühl-schwedischen, aber gemütlichen Landhausstil eingerichtete Hotel hat einen eigenen wohlbehüteten Weinkeller. Besucher werden passend zum großen Weinangebot mit spanischen Tapas verwöhnt und dürfen sich im Winter am Ofen wärmen oder sich im Sommer im selbsternannten „Weingarten" die Sonne ins Gesicht scheinen lassen. Die Zusatzkarte wechselt regelmäßig, aber auch das Dauerangebot lässt einem das Wasser im Munde zusammenlaufen. www.schwedenfrieden.de

Gadderbaum

Gadderbaum ist der kleinste Bezirk Bielefelds, er besteht lediglich aus zwei Stadtteilen: Bethel und dem Namensgeber Gadderbaum. Der Bezirk liegt am Hauptkamm des Teutoburger Waldes und bietet deshalb jede Menge Grün – trotzdem ist der Weg ins Zentrum kurz! In Bethel wohnen viele Epilepsiekranke sowie körperlich und geistig Behinderte, denen unter die Arme gegriffen wird. Neben der Behindertenhilfe bekommen auch Alte, Jugendliche, Wohnungslose und psychisch Kranke Unterstützung. Kennzeichnend für die Struktur des Stadtteils sind daher die vielen Spezialkliniken.

Wohnen in Gadderbaum

In Bethel und Gadderbaum leben deshalb außerdem besonders viele Mitarbeiter der Kliniken und anderen Einrichtungen Bethels. Die anderen Wohnungen und Häuser werden hauptsächlich von Studenten oder älteren Menschen bewohnt. Wer sich nach einer Wohnung umsieht, entdeckt freistehende Häuser aus den 50er und 60er Jahren und wunderschöne, zum Teil renovierte, aber auch renovierungsbedürftige Häuser. Die Behausungen sind aufgrund ihrer Nähe zu Innenstadt und Uni sowie wegen ihrer im Normalfall erschwinglichen Mietpreise heiß begehrt und deshalb auch schwer zu bekommen.

INFOBOX

Einwohnerdichte:

Distanz zum Jahnplatz: 1,3-3 km

Grünfläche:

Du willst Dir Bethel erstmal richtig anschauen? Kein Problem: Um sich ein Bild vom potenziellen neuen Zuhause zu machen, kann man eine kleine Bezirksrundfahrt mit dem Bus der Bethel-Rundlinie 122 machen. Gut für den ersten optischen Eindruck und einen Einblick in das Leben im Stadtteil.

Wenn Du Dich auf die andere Seite der B61 wagst, befindest Du Dich dann im Stadtteil Gadderbaum. Dort kannst Du nicht nur toll wandern, sondern auch schön wohnen. Wie auch in Bethel sind die Wohnungen beliebt unter den Mitarbeitern der Bodelschwinghschen Anstalten, die Wohnungssuche muss deshalb unter einem guten Stern stehen, um erfolgreich zu sein.

//22 Wo wohnst Du?

Beliebtes Ausflugsziel unter Studenten, Azubis, Buchliebhabern und Flohmarkt-Fans ist die **Brockensammlung**, kurz Brosa, in Bethel (Saronweg 10). Hier können Schnäppchen aus allen Bereichen ergattert werden: von Schallplatten über Fahrräder, Bücher und Geschirr bis hin zu Möbeln kannst Du wirklich alles für kleines Geld erstehen und direkt mitnehmen. Aber auch wer Klamotten oder andere Dinge, die gut in Schuss sind, gerne loswerden will und damit noch dazu etwas Gutes tun möchte, packt eine Kiste und gibt diese nach telefonischer Rücksprache als Sachspende in der Brockensammlung ab. www.brockensammlung-bethel.de

Freizeit in Gadderbaum

Das Kultur- und Freizeitzentrum **Neue Schmiede** (Handwerkerstr. 7) in Bethel bietet ein abwechslungsreiches Programm mit verschiedensten Veranstaltungen. Und auch der Gastronomiebetrieb kann sich sehen lassen: Wer mit knurrendem Magen dort aufschlägt, sollte unbedingt die hauseigene Pizza „Schmiede" bestellen.

Auf dem Laufenden über das Geschehen im Stadtteil bleibst Du, wenn Du Dein Radio montags bis freitags um 18.00 Uhr und samstags um 16.00 Uhr auf die Frequenz 94,3 einstellst und der aktuellen Sendung von **Antenne Bethel** lauschst. Sonntags um 10.00 Uhr wird sogar der Gottesdienst aus der Zionskirche in Bethel übertragen. Empfangen werden kann der Sender allerdings ausschließlich im Bezirk Gadderbaum. Das Besondere an dem Radiosender: Er ist ein integrativer Sender und die Beiträge werden

von den Bewohnern Bethels erstellt. Jeder kann das Programm mitgestalten.

Der Weg von den kleinen Zwei- und Einfamilienhäusern in Gadderbaum hin zum **Botanischen Garten** (Am Kahlenberg) ist nicht weit – und letzterer ist den kleinen Bergmarsch wert, denn es gibt einiges zu sehen. Außer dem Kräutergarten sind auch die vielen schön angelegten Blumenbeete nett zu begucken. Für Hobbyfotografen gibt es jede Menge interessante Natur-Motive für den nächsten Kalender und wer spontan Besuch von den wanderlustigen, aber nicht mehr ganz so fitten Großeltern hat, muss keine Sorge haben, denn Bänke zum Ausruhen gibt es mehr als genug. Auch ohne Großeltern kannst Du hier Deine freien Tage auf einer Bank mit einem Buch und dem Lieblingsgetränk gut rumbringen.

Genug vom Grünzeug? Dann mach Dich auf den Weg nach Olderdissen, dem kostenlosen **Tierpark** (Dornberger Str. 149 a). Gut 20 Minuten brauchst Du zu Fuß zu Murmeltieren, Reihern, Ziegen und Co.

Wenn Du im Sommer gern plantschen gehst, hast Du es nicht weit ins nächste Freibad, denn direkt in Gadderbaum gibt es das **Freibad Gaderbaum** (Im Holschebruch 7). Hin und wieder finden auf dem Gelände Veranstaltungen statt, um das Bad als Treffpunkt im Stadtbezirk zu etablieren. Auch leidenschaftliche Beachvolleyballer können sich vor oder nach dem Schwimmen auf der Anlage austoben.

--> s. „Rein ins kühle Nass!", S, 119

Der besondere Platz

Wer das außergewöhnliche Restaurant **Glückundseligkeit** (Arthur-Ladebeck-Str. 57) in Bethel verlässt, verspürt genau das, was der Name verspricht. Was daran so besonders ist? Es befindet sich in der Halle einer Kirche. Das Essen ist hier etwas teurer, es lohnt sich aber allemal die paar Euro draufzulegen und einfach auszuprobieren, wonach einem gerade ist. Wer auch kulinarisch bielefelderisiert werden möchte, sollte sich Karten für die Veranstaltung „Cook-Mahl" besorgen, die in regelmäßigen Abständen im Glückundseligkeit stattfinden. Jedes Mal kommt auch ein Special Guest!
www.glueckundseligkeit.de

Der besondere Platz – Teil 2

An der Dornbergerstraße an der Grenze zum Bezirk Dornberg, da wo Hase und Igel sich in Bielefeld gute Nacht sagen, steht das **Bauernhaus-Museum** (Dornberger Str. 82). Es ist das älteste Freilichtmuseum Westfalens und widmet sich der Vermittlung der Geschichte und des ländlichen Lebens der Region um 1850. Für Zugezogene ist der Besuch im zugehörigen Café Pflichtprogramm, denn im Bauernhaus-Museum gibt es neben vielen leckeren Kuchen das westfälische Traditionsgericht Pickert. Ein Kartoffelkuchen aus der Pfanne, der herzhaft oder süß angerichtet werden kann. Guten Appetit!
www.bielefelder-bauernhausmuseum.de

s. auch „Museen & mehr", S.196

Heepen

Heepen beherbergt die Stadtteile Altenhagen, Baumheide, Brake, Brönninghausen, Heepen, Milse, Oldentrup. Der Bezirk ist bunt und abwechslungsreich wie kaum ein anderer in Bielefeld. Vom ländlichen Stadtrand bis hin zum dicht besiedelten Hochhaus-Viertel bietet Heepen alles, was eine Großstadt so braucht: Die Stadtteile Altenhagen, Brönninghausen und Milse sind durch ihre Lage am

INFOBOX

Einwohnerdichte:

Distanz zum Jahnplatz: 4,7–9 km

Grünfläche:

Rande der Stadt eher ländlich geprägt. Aus Oldentrup und Brake bist Du dagegen blitzschnell mit dem Zug im Zentrum.

Heepen ist der Hauptort des Bezirks, älter als Bielefeld selbst, bietet eine gute Infrastruktur und im Prinzip eine eigene Innenstadt. Als letzter Stadtteil bleibt dann noch Baumheide. In diesem Teil des Bezirks befindet sich das Vorzeigeghetto von Bielefeld. An der namensgebenden Straße, direkt an der Straßenbahnhaltestelle, stehen zwar eher Einfamilienhäuser oder Häuser mit zwei bis sechs Wohnungen, wendest Du Dich allerdings in die andere Richtung, dann reihen sich Kilometer um Kilometer, so scheint es, schöne und weniger schöne Mehrfamilienhäuser mit mehreren Etagen in die Höhe ...

Wohnen in Heepen

Das Ballungsgebiet Baumheide glänzt mit den niedrigsten Mieten in Bielefeld und ist seit dem Disco-Hit „Pumpen" der Bielefelder Band Hardsoul in aller Munde. Tagsüber wirkt die Gegend aber gar nicht so „ghetto", sondern eher freundlich. Trotzdem ist das Leben in einer von Deutschlands sichersten

//26 Wo wohnst Du?   zu Hause   Park
gemütlich   **Heimat**
wohnen

Großstädten hier vielleicht noch am gefährlichsten. Doch Vergleiche mit Berlins Märkischem Viertel liegen sicher meilenweit daneben, denn so freundlich wie der Stadtteil durch die Grünanlagen, Freiflächen und hellen Straßen wirkt, ist es normalerweise auch. Du kannst es hier also durchaus aushalten.

Und wer die urban und international geprägte Blockbau-Siedlung gar nicht mehr verlassen will, muss das auch nicht. Supermärkte, Apotheke, Sparkasse sowie die Stadtteilbibliothek und vieles mehr sorgen dafür, dass Du lediglich als Shopaholic in die Innenstadt fahren musst. Das geht von Baumheide aus am schnellsten mit der Straßenbahn, die hier allerdings – äußerst passend zum Ghetto-Image – ihre Haltestelle unterirdisch hat und sich von dort über die Herforder Straße vorbei an Industrieparks und vielen Möbel- und Autogeschäften ins Zentrum schlängelt. Mit dem Bus dauert die Fahrt um einiges länger.

Auch der namensgebende Ortsteil Heepen verfügt über die wichtigsten Geschäfte, um sich im Alltag zu versorgen. An der Straßen-Gabelung von Salzufler und Hillegosser Straße beginnt die Heeper Innenstadt. Es gibt eine Drogerie, Reisebüros, eine Eisdiele, ein Buchgeschäft und mehrere Klamottenläden, die hauptsächlich Damenoberbekleidung verkaufen – die angestaubte Formulierung

ist hier nicht umsonst gewählt. Denn das Zentrum hat durchaus etwas dörfliches, nur der rege Verkehr erinnert an die schnelle Anbindung an die Innenstadt. Sowohl Autos als auch Busse drehen massenhaft ihre Runden auf den Hauptstraßen Heepens. In den kleineren Seitenstraßen ist im Gegensatz dazu viel weniger los.

Auffällig ist die abwechslungsreiche Bebauung: Neubauten stehen direkt neben geschwungenen Altbauten, dazwischen Bauernhöfe, die zum Teil mit umstehenden Häusern zu Reihenhäusern verwachsen sind. Das sorgt für den einmaligen Charme des Stadtteils. Diesen kannst Du am besten bei einem Abendspaziergang im Herbst oder Winter die Vogteistraße entlang selbst kennenlernen: Neben der alten Vogtei, dem unübersehbaren und denkmalgeschützten Fachwerkhaus am Rande des Ortszentrums, in dem sich eine Galerie verbirgt, kannst Du die **Tanzschule Detlef Lukas** (Vogteistr. 2) sehen, die bei Nacht wunderschön beleuchtet ist. Erst tagsüber siehst Du allerdings, wie heruntergekommen das Gebäude ist. An der Kreuzung Vogteistraße und Heeper Straße steht außerdem die **Peter-und-Pauls-Kirche** (Heeper Str. 347), die zu einer der ältesten im Ravensberger Land zählt.

Wanderst Du weiter auf der Vogteistraße, siehst Du das beschriebene Potpourri an Neubauten, Mehrfamilienhäusern aus den 50er und 60er Jahren sowie alten, weinbewachsenen Gebäuden. Was noch auffällt? – Heepen ist sehr familiär. Es gibt jede Menge Schulen und dementsprechend begegnen einem zu Schulschluss-Zeiten viele Kinder und Teenies.

Vermutlich wegen der guten Anbindung zur Stadt sind die Mieten in Heepen vergleichsweise hoch. Es könnte aber auch am historischen Flair liegen, denn wenn Du in Heepen wohnst,

Bielefeld

darfst Du auch von Dir behaupten, im ältesten Ortsteil Bielefelds zu leben, denn „Hepin" wurde urkundlich bereits im Jahr 1036 erwähnt und ist damit knapp 200 Jahre älter als Bielefeld selbst.

Vom kleineren Oldentrup aus fährt einmal in der Stunde der Lipperländer (Zug, der zwischen Bielefeld und Lemgo verkehrt) in Richtung Hauptbahnhof. Nur wenige Minuten trennen Dich also vom Stadtzentrum. Mit dem Auto über die B66 brauchst Du schon ein bisschen länger. Auch in Oldentrup gibt es alles für das tägliche Leben: Supermärkte, Klamottengeschäfte, Schuhläden und Co. Wohnblocks, Mehr- und Einfamilienhäuser sind miteinander synergetisch verschmolzen und von Grünflächen umgeben.

Vergleichbar ist Oldentrup mit dem im Norden des Bezirks gelegenen Brake, das auch über einen eigenen Bahnhof mit stündlichem Zugverkehr verfügt und wo für die Versorgung mit Lebensmitteln vor Ort ebenfalls gesorgt ist. Hier stehen allerdings überwiegend Einfamilienhäuser. Auch in Milse und Altenhagen gibt es Wohngebiete mit vielen Einfamilienhäusern. Beide sind sehr ländlich geprägt und im Vergleich zu Brönninghausen übrigens, das sehr stark zersiedelt ist und wo die Wege von einem Haus zum anderen weit sind, kannst Du Dich in den anderen beiden Ortsteilen noch über viele richtige Nachbarn freuen.

Freizeit in Heepen

Bis auf ein ausgeprägtes Nachtleben mit Clubs und Cocktail-Bars, bietet Dir der Bezirk alles, womit man seine Freizeit so ausfüllen kann: Von ausgezeichneten Restaurants über Parks und romantische Orte bis hin zu sportlichen Aktivitäten und Wellness. Die Bandbreite ist dabei beeindruckend: Essen gehen kannst Du Asiatisch im **China-Restaurant Lotus** (Potsdamer Str. 68), Italienisch bei **La Perla** in Brake (Braker Str. 126) oder gemütlich und rustikal mit traumhaften Biergarten im **Runkelkrug** (Salzufler Str. 177).

Um zur romantischen **Alten Wassermühle** (Salzufler Str. 145) zu kommen, lohnt sich auch ein kleiner Ausflug nach Bentrup. Hier gibt es Kaffe und Kuchen und Du kannst durch die unterschiedlichen Handwerks-Studios bummeln.

Als düsteres Kontrastprogramm kannst Du Dich im **Lasergame Bielefeld** (Werningshof 6) beim Lasertag mit anderen Spielwütigen messen. Wem das zu technisch ist, der findet vielleicht beim **Boxer-Klub Heepen-Bielefeld e.V.** (Kusenweg 134) den passenden Sparring-Partner. Kultivierter geht es vermutlich im **Heeper Schach Klub** (Heeperstr. 442) oder beim **Kneipp-Verein Bielefeld e.V.** (Zobtenstr. 14) zu.

Und wenn Du einfach nur Grün um Dich herum brauchst und ein bisschen Wasser dazu, dann kannst Du im **Oldentruper Park** (Oldentruper Str.) die Idylle genießen. Für eine richtige Erfrischung oder eine wohlige Sauna-Sitzung radelst Du einfach ins **Familienbad Heepen** (Schlauden 11).

--> s. auch „Hallenbäder, Sauna und Wellness", S. 134

Der besondere Platz

So grau Baumheide an manchen Tagen auch wirkt, so interessant kann es doch sein. Direkt vor dem **Freizeitzentrum** (Rabenhof 76) befindet sich eine Sonne. Klingt ungewöhnlich, ist es auch, denn die Metallsonne ist der Startpunkt einer speziellen Wanderstrecke: dem **Planetenweg**. Die zwei Kilometer lange Route führt durch die Grünzüge des Bezirks. Auf dem Weg stehen nicht nur Parkbänke zum Verweilen, sondern Du erfährst auch alles zur Größe und den Entfernungen unseres Sonnensystems. In verkleinerter Form, versteht sich.

Noch ein besonderer Platz

Weddings Muschelsaal, das klingt als wärst Du in einem erstklassigen Restaurant in Berlin-Wedding. Es ist aber um einiges spekta-

//30 Wo wohnst Du?   zu Hause   Park
gemütlich Heimat
wohnen

kulärer: Hast Du den oben beschrieben Rundgang durch den Stadtteil Heepen bei Nacht bereits gemacht, dann hast Du sie schon gesehen, die **Tanzschule Lukas** (Vogteistr. 2). Zu verdanken hat das inzwischen etwas heruntergekommene Gebäude seinen Namen dem Tanzsaal. Dieser wurde im Jahr 1904 vom Büsumer Künstler Bernhard Busch komplett mit Muscheln dekoriert. Erhalten sind von dem Künstler insgesamt nur zwei Arbeiten, die größte ist eben der Muschelsaal. Zu sehen gibt es an den Wänden Collagen aus umgedrehten, perlmuttfarben schimmernden Muscheln und anderen Weichtieren aus aller Welt. Anschauen kannst Du Dir das Ganze hier: www.tanzschule-lukas.de --> Muschelsaal

Jöllenbeck

Parlez-vous français? Im ehemaligen Frankreich wohnst Du hoch oben im Bielefelder Norden in Jöllenbeck, Theesen und Vilsendorf. Alle drei Stadtteile gehörten von 1810 bis 1813 größtenteils zu unserem Nachbarland und standen unter der Regentschaft von Napoleons Bruder Jérôme Bonaparte. Die kurze Herrschaft hat allerdings keine merklichen Spuren hinterlassen, aber wer weiß, vielleicht findest Du in Jöllenbeck ja Dein ganz persönliches Savoir-vivre?

Wohnen in Jöllenbeck

Der Weg rauf nach Jöllenbeck geht über Land, sodass Du, fährst Du mit dem Auto oder dem Bus, den Eindruck gewinnst, raus aufs Dorf zu fahren, wäre da nicht noch Theesen auf der Landkarte. Dieser

Stadtteil ist nämlich dicht besiedelt, hauptsächlich mit Einfamilienhäusern oder vereinzelt mit Mehrfamilienhäusern bebaut und trotzdem sehr grün. Zugegebenermaßen steppt in Theesen nicht gerade der Bär, aber eben das macht es so gemütlich. Einigermaßen gut angeschlossen an die Innenstadt bist Du aber trotzdem, mit dem Auto brauchst Du etwa 15 Minuten ins Zentrum, mit dem Bus dauert es länger, da Du immer auf die Straßenbahnen in Schildesche bzw. Babenhausen Süd umsteigen musst. Dafür bist Du am Wochenende durch den Nachtbus mit der Innenstadt verbunden und kannst auch mal ordentlich einen drauf machen. Der Nachtbus fährt durch Theesen bis zum Ortsteil Jöllenbeck und von da aus weiter nach Vilsendorf.

INFOBOX
Einwohnerdichte:
Distanz zum Jahnplatz: 6-9 km
Grünfläche:

Letztgenanntes ist eine ziemlich kleine Ortschaft mit vielen älteren Leuten und Familien mit kleinen Kindern. Als Bewohner bekommst Du den Eindruck, die Altersgruppe von 18-35 fehle hier vollkommen. Das muss Dir aber keine Angst machen, denn so schnell wie Du mit dem Auto nach Vilsendorf reinkommst, so schnell bist Du auch schon wieder draußen.

Jöllenbeck ist die größte der drei Ortschaften und wächst noch weiter, denn es werden aktuell neue Wohngebiete und Bauflächen für Mehrfamilienhäuser erschlossen. Am Rande des Stadtteils kommt eher wenig urbane Stimmung auf, der ein oder andere nützliche Platz versteckt sich aber dort.

Bielefeld

Bielefeld?

endlich endlich

//32 Wo wohnst Du?   zu Hause   Park   gemütlich   Heimat   wohnen

Antik-Möbel-Verkäufe, so manche Feierdeele (Hauptraum des norddeutschen Bauernhauses), die für Partys und Feste angemietet werden kann, Blumen- und natürlich Hofläden, auf denen zum Beispiel Bullenfleisch, Eier oder Spargel direkt vom Bauern verkauft wird.

Im zerpflückten Ortskern gibt es alles, was Du für das tägliche Leben so brauchst: vom Reisebüro, über Versicherungen und Supermärkte hin zu einzelnen Klamottenläden und Cafés. Die Geschäfte und Läden befinden sich meist im Erdgeschoss von Ein- bis Zweifamilienhäusern, die es in Jöllenbeck auch ohne Ende zu geben scheint. Dazwischen findest Du auch das ein oder andere renovierte Fachwerkhaus oder bunt gestaltete Mehrfamilienhäuser.

Einmal in der Woche findet der kleine, aber feine Wochenmarkt auf dem Marktplatz an der Amtsstraße statt. Obwohl dies das Zentrum des Ortes sein soll, findest Du hier nur wenige Geschäfte. Weitere Läden gibt es aber entlang der umliegenden und generell auch an den größeren Straßen in Jöllenbeck. Auf dem Marktplatz stellst Du mit Sicherheit schnell fest, woher der Name „Jöllenbeck Dorf", einer der zentralen Bushaltepunkte, seinen Namen bekommen hat. Denn hier draußen fühlst Du Dich, als wärst Du sehr weit weg von der nächsten Großstadt ...

Von älteren Leuten über Familien mit kleinen Kindern und Teenies bis hin zu jungen Berufstätigen und dem einen oder anderen Studenten ist im Stadtteil Jöllenbeck alles vertreten. An Wochentagen scheint die Bevölkerung zwar eher älter zu sein, doch das täuscht. Nach Schul-

schluss und Feierabend siehst Du doch einige junge Leute, die sich aus dem alltäglichen Großstadtlärm aufs Land zurückflüchten.

Bielefelder Promis im Bezirk Jöllenbeck? – Gibt es tatsächlich! Fußballinteressierte kennen den aus Jöllenbeck stammenden Ex-Kicker bestimmt: Uli Stein. Der ehemalige Spieler der Arminen war von 1983 bis 1986 für den DFB aktiv und stand 1986 für die deutsche Nationalmannschaft bei der WM in Mexiko auf dem Platz. Heute ist er Torwarttrainer für Aserbaidschan.

Anders bekannt geworden und auch eher ein Lokalmatador ist Heinrich Heienbrok aus Jöllenbeck. Im Jahre 1909 stand nämlich der ehemalige Leineweber dem heute ach so populären Denkmal an der Altstädter Nicolaikirche Modell. In ganz Bielefeld haben sich inzwischen Einzelhändler, Hoteliers und Co. eine eigene, besonders gestaltete Ausgabe des Leinewebers zugelegt – Heinrich Heienbrok ist, außer in Jöllenbeck, längst vergessen und dennoch zieht er so seine Kreise ... Kurz erklärt: Was dem Berliner seine Bärenstatue, ist dem Bielefelder sein Leineweber. Ganz einfach.

Freizeit in Jöllenbeck

Jöllenbeck ist nicht gerade der Bezirk, den Du abends zum Weggehen aufsuchst. Auch die Kneipendichte ist nicht die höchste Bielefelds. Aber diese Ruhe wird zumindest ab und zu von lautem Getöse vertrieben. Einmal im Jahr drehen alle im Bezirk voll auf, denn dann ist es soweit: Es ist **Jürmker Klön**. Neben einer Kirmes mit Riesenrad, Karussell und Co. gibt es einen Flohmarkt, der Sonntag ist verkaufsoffen und auch sonst ist der kleine

"Jürmke", was soll das denn sein?

Wenn Du Jöllenbecker bist, dann solltest Du ihn Dir merken, den liebevollen, aber inoffiziellen Namen des Bezirks. Neben dem Jürmker Klön bekommen auch viele andere Dinge aus Jürmke, wie z.B. das Jürmker Landbrot, diesen Beinamen.

Ort einfach randvoll mit Menschen, vorausgesetzt, es ist gutes Wetter!

Aber auch der **Weihnachtsmarkt** kann sich sehen lassen. Bratwurst, Waffeln und natürlich Glühwein laden dann in den Ortskern ein, wo neben der typischen Weihnachtsmarkt-Fressmeile auch einige Künstler ihre Stände aufbauen und Dir bestimmt noch das fehlende Wichtel-Geschenk in die Hände fällt. Sollte auf dem Weihnachtsmarkt selbst nichts dabei sein, lohnt sich ein Streifzug durch Jöllenbecks Geschäfte am verkaufsoffenen Sonntag am selben Wochenende. Aber auch außerhalb der Geschenkejagd ist für ein Rahmenprogramm gesorgt. Musikalische Abwechslung, Lebkuchenhäuser verzieren für Kinder sowie der obligatorische Besuch des Nikolaus stehen in Jürmke auf dem Plan.

Der besondere Platz

Im **Café Heimat** (Amtsstr. 22-24), dem ehemaligen Arbeitsort von Heinrich Heienbrok, der für das Leineweber-Denkmal Modell stand, gibt es nette Gesellschaft bei Kaffee und Kuchen und außerdem viele andere Leckereien auf der Tageskarte zu entdecken. Im Sommer lockt auch der gut besuchte Biergarten und im Eingang begrüßt Dich ein Abbild des Leinewebers mit den Worten: „Ich bin Jöllenbecker!"

Mitte

Bielefeld gibt's gar nicht? Leute aus Mitte lachen da noch lauter, als andere Bielefelder. Denn zum einen spürt man in Mitte das Leben der Stadt intensiver als in jedem anderen Stadtteil. Und zudem gab es Bielefeld

Häuschen schön Wohnung
Gartenzaun Nachbar

an genau diesem Ort lange Zeit sogar gleich zweimal! Bielefelds zentraler Bezirk lockt deshalb heute nicht nur mit einer historischen Altstadt, sondern auch mit der kaum weniger historischen „Neustadt". Beide existierten im Mittelalter nebeneinander und wurden erst 1520 zu einer gemeinsamen Stadt.

Rund um den Siegfriedplatz, der von den Bielefeldern liebevoll „Siggi" genannt wird, erahnst Du als Neubürger wie Bielefeld vor dem Zweiten Weltkrieg ausgesehen haben muss. Altbauten reihen sich aneinander und sind unter

INFOBOX

Einwohnerdichte:

Distanz zum Jahnplatz: 0–2,5 km

Grünfläche:

anderem ein Grund dafür, dass der Siggi so beliebt bei den Bielefeldern ist. Der Platz vor der Bürgerwache ist an lauen Sommerabenden meist prall gefüllt. Zwischen den von den umliegenden Cafés und Kneipen aufgestellten Bierbänken, auf denen sich ältere oder hüftkranke Leute tummeln und großartiges Essen genießen, sitzen jede Menge Grüppchen von jungen Leuten auf ihren Picknick-Decken und genießen ihr selbst mitgebrachtes oder vor Ort erstandenes Bier.

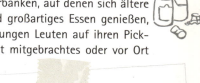

Tagsüber dient der Siggi als Marktplatz. Frisches Gemüse, Fisch und Co. gibt es immer mittwochs und freitags. Auch am Wochenende lohnt sich der

Bielefeld

endlich endlich

Weg zum Siggi, denn Flohmärkte gibt es regelmäßig und auch kulturelle Veranstaltungen – Konzerte, das Stadtteilfest und der Bielefelder Christopher Street Day – füllen den Platz mit Leben.

Wohnen in Mitte

Mitte ist eindeutig von seinen jungen Bewohnern geprägt, das wird jedem klar, der abends durch den Bezirk streift. WGs und Wohnungen für Paare sind schnell zu finden. Nach kleineren Wohnungen müssen Wahl-Bielefelder hingegen etwas länger suchen. Wenn Du für die Suche ein bisschen Geduld mitbringst, findest Du aber Dein Wunschdomizil.

Während die Mietpreise im Westen von Mitte relativ hoch sind, bleiben die Preise im Osten bislang niedrig. Mit Glück kann ein richtiges Miet-Schnäppchen in Sachen Altbau gemacht werden. Allerdings solltest Du einkalkulieren, dass die Wohnungen im Osten auch nicht so gut in Schuss sind und Du selbst Hand anlegen musst. Du wohnst direkt am Ostbahnhof? Dann solltest Du nicht darauf hoffen, an den Fernverkehr angeschlossen zu sein. Richtung Lage und Detmold geht es dafür aber ein bisschen schneller als aus der Innenstadt. Glück für Menschen mit Feierlaune: Hinter dem Namen Ostbahnhof verbirgt sich gleichzeitig eine Disco, die regelmäßig ihre Tore für die berühmt-berüchtigte Eurodanceparty mit 90er Jahre- Musik öffnet.

Um die Sparrenburg geht es ruhiger zu. Die Wohnungen in den Mehrfamilienhäusern in Hanglage glänzen mit einem Ausblick, der unbezahlbar ist. Leider trifft das auch oft auf die Mieten zu. Aber wer in Deinem Freundeskreis kann schon von sich behaupten, eine Burg oder gar ein Mufflon als Nachbar zu haben? Die freilaufenden Wildschafe sind zwar schwer zu entdecken, wenn Du aber das Glück hast, eins auf einem Waldspaziergang zu entdecken, solltest Du schnell ein Foto machen. Damit kann auf dem nächsten Familienfest auf jeden Fall geprahlt werden.

Machst Du Dich zu Fuß auf den Weg zur Burg, bist Du oben zwar geschafft, wirst dafür aber mit einem traumhaften Rundumblick über Bielefeld belohnt. Mittelalter-Freunde kommen auf der Burg einmal im Jahr beim Sparrenburgfest besonders auf ihre Kosten. --> s. „Sparrenburgfest", S. 212

Freizeit in Mitte

Wer in Bielefeld sein hart verdientes oder mühsam erspartes Geld in Sachwerte umwandeln möchte, der geht nach Mitte zum Shoppen. In den 60er und 70er Jahre-Bauten der Neustadt finden sich die typischen Ketten wie H&M, New Yorker, Karstadt und Co., die in jeder City Deutschlands warten. Es sollen lieber etwas ausgefallenere Klamotten sein? Dafür müssen sich Kauflustige auf die andere Seite des Jahnplatzes kämpfen. Ab dem Zebrastreifen hinter Sport Scheck hast Du es aber zu den Einzelhändlern in den schmucken Altbauten geschafft. Nun ist es an der Zeit, so häufig wie möglich in jede noch so kleine Seitenstraße abzubiegen, um den eigenen Lieblingsladen zu küren und den heimischen Schrank mit Nachschub zu füllen.

Aber auch Dein Magen wird Dich häufiger in die Altstadt treiben, denn da warten die meisten Restaurants, Kneipen und Cafés. Das

//38 Wo wohnst Du?   zu Hause   Park
gemütlich   Heimat
wohnen

holländische **Koffie met Gebak** in der Neustädter Straße ist zum Beispiel so liebevoll eingerichtet, dass Du es am liebsten Dein eigenes Wohnzimmer nennen möchtest. Natürlich kann sich auch die Neustadt kulinarisch sehen lassen, besonders entlang der Arndtstraße sollte jeder finden, was er begehrt: angefangen beim **Terra Nouva** im Souterrain des Altbaus gegenüber von Karstadt bis zum modern und naturnah eingerichteten **WoBu**, dem gemütlichen **Moccaklatsch** oder dem **Kado Sushi**. Nur unterbrochen durch die Bahnunterführung schlängeln sich die unterschiedlichsten Läden, die für Dein leibliches Wohl sorgen, die ganze Arndtstraße entlang.

In der Innenstadt gibt es auch mit dem Drahtesel einiges zu entdecken. Rund um das Zentrum findest Du verkehrsberuhigte Straßen und jede Menge kleine, nette Designer-Geschäfte sowie urige Buchläden und Antiquariate, die entdeckt werden wollen. Nach der Radtour lohnt sich im Sommer die Pause im **Bürgerpark**, der an der Grenze zum Stadtteil Schildesche liegt. Im allgemeinen Sprachgebrauch heißt er jedoch schlicht **Oetkerpark**, wegen seiner Nähe zur Rudolf-Oetker-Halle.

Auch Party-Animals und Konzertliebhaber haben es gut getroffen im Herzen der Stadt. Rund um den Bahnhof sind die verschiedenen Musikgenres auf einzelne Clubs verteilt, von House über Rock bis hin zu Indie-Pop.

Heute ist eher ein Tag für was Ruhiges? Nach einem Spaziergang durch den Ravensberger Park solltest Du dann das **Lichtwerk-Kino** (Ravensberger Park 7) ansteuern. Das Programmkino hat nicht nur

s. „Das Nachtleben", S. 148

die bessere Filmauswahl als die großen Ketten, sondern auch besonders gemütliche Sessel mit viel Beinfreiheit. Aber auch alle anderen Kulturliebhaber können sich in der Stadt ausleben. Neben einigen Theatern gibt es auch noch die **Kunsthalle** (Artur-Ladebeck-Str. 5) und viele weitere kleinere Galerien.

--> s. „Museen & mehr", S. 197

Der besondere Platz

... ist hier natürlich die **Sparrenburg**. Aber das muss man wirklich niemandem mehr erzählen. Für eine Ausicht zum Verlieben lohnt sich hingegen auch ein nicht ganz so anstrengender „Aufstieg": die 25-Meter-Fahrt mit dem Fahrstuhl hoch ins **Bernstein** (Niederwall 2). Von der Dachterrasse des Restaurants kannst Du Großstadtluft schnuppern und das Brunch-Buffet bietet wirklich alles, was das Herz begehrt. Auch die Kuchenauswahl am Nachmittag lässt Gebäck-Junkies das Herz höher schlagen.

Schildesche

Der eingefleischte Bielefelder denkt bei dem Namen Schildesche zunächst an zwei Dinge: die Universität und den Obersee. Ungefähr zwischen diesen beiden landschaftlich sehr bedeutenden Fixpunkten erstreckt sich dann auch dieser Bezirk Bielefelds. Drei Straßenbahnlinien

//40 Wo wohnst Du?

schlängeln sich von Norden binnen zehn Minuten nach Süden bis zur Innenstadt und auch im Nachtbus-Verkehr sind die drei Stadtteile Gellershagen, Sudbrack und Schildesche sehr gut vernetzt. Wenn Du die Nähe zur Stadt liebst und trotzdem gerne in der Natur lebst, bist Du hier genau richtig.

Wohnen in Schildesche

Westlich der Wertherstraße in Schildesche erhebt sich der Teutoburger Wald, östlich findest Du eine Vielzahl von Studentenwohnheimen, von denen der Weg zur Uni und einem Großteil der FH-Gebäude nur einen Katzensprung entfernt ist. Weiter nach Osten werden die Häuser kleiner und älter. Im Schildescher Stadtteilkern gibt es dann schließlich für Fachwerkliebhaber das eine oder andere Haus zu bestaunen und die Architektur erweckt bei Neulingen das Gefühl, in einem kleinen Dorf auf dem Land angekommen zu sein. Das spiegelt auch das gemütliche Alltagsleben wider.

Während im Herzen des Bezirks, dem Stadtteil Gellershagen, doch eher junge Familien und Studenten wohnen, leben rund um die Endhaltestelle „Schildesche" der Linie 1 neben einigen jungen Arbeits-Einsteigern und wenigen Studenten auch viele ältere Menschen. Der Vorteil hier: Neben Supermärkten und Drogerien kannst

Du auch den passenden Arzt für Deine Zipperlein schnell erreichen. Der Stadtteil Sudbrack grenzt im Süden direkt an Mitte – nur abgetrennt durch die Bahngleise und den Ostwestfalendamm. Während hier Verkehr und einiges an Gewerbe für eine gewisse Lautstärke sorgen, ist es im Westen und Norden des Stadtteils trotz urbanem Flair grün und ruhig – da wohnst Du mit Glück inklusive Parkblick in hübschen Stadthäusern z.B. in der Diebroker oder der Apfelstraße. Die niedrigsten Mieten wirst Du hier allerdings nicht bezahlen.

Freizeit in Schildesche

Besonders bei Sportlern lässt der Bezirk das Herz höher schlagen. Wenn Du gerne läufst, kannst Du Dich an der **Finnbahn** hinter der Uni verausgaben oder noch höher im **Teutoburger Wald** Deine Runden drehen. Du bist noch nie gejoggt oder gewalkt? Kein Problem, denn auch für Lauf- und Walking-Anfänger wird unten am Hang eine Strecke vorgeschlagen, mit der jeder schnell ins Training kommen kann. Wer länger durchhält oder gerne mit dem Rad unterwegs ist, schafft es fast ohne eine einzige Ampel durch den Grünstreifen bis hin zur **Johannisbachtalsperre** oder zum **Obersee**.

Gebadet werden darf dort leider nicht, dafür lockt eine Strandbar mit Liegestuhl-Ambiente, Musik, leckeren Cocktails und einer Beachvolleyball-Anlage. Nebenan gibt's einen Biergarten plus Minigolfbahn, was recht schnell vom Badeverbot ablenkt. Für leidenschaftliche Schlittschuhläufer heißt es: Durchhalten! Es gab durchaus schon den einen oder anderen Winter, in dem der Obersee zum Eislaufen freigegeben wurde. Wenn Du als Jogger im Winter Deine Runden drehst, solltest Du besonders am Viadukt die Augen offen halten, von dort fallen nämlich fast alljährlich dicke Eiszapfen herab.

INFOBOX

Einwohnerdichte:

Distanz zum Jahnplatz: 2,5–6,5 km

Grünfläche:

//42 Wo wohnst Du?   zu Hause   Park
gemütlich   Heimat
wohnen

Für das tägliche gute Leben, Eis-Pausen und Picknicks sind Gellershagen, Schildesche und Sudbrack alle gut ausgestattet. Mit ein bisschen Umherwandern hast Du schnell Dein lokale Eisdiele und die Bank im Grünen gefunden, auf der Du das Ergatterte genüsslich verspeisen kannst. Ab jetzt gilt es nur noch herauszufinden, wer Deine Lieblingssorte am besten zubereitet und welche Bank den besten Ausblick bietet.

Kein Eis-Fan? Dann wird es Zeit, sich eine Decke zu schnappen, wahlweise ein Buch oder den mp3-Player einzupacken und sich einen gemütlichen Platz zum Sonnenbaden und Abschalten zu suchen. Dabei bist Du als Sonnenanbeter zumindest im Westen, in der Nähe der Uni, selten alleine auf der Wiese. Die Bielefelder nutzen nämlich jeden Sonnenstrahl, man kann ja nie wissen, wie das Wetter in einer Stunde aussieht.

Für Clubgänger hier die schlechte Nachricht: Außer auf Uni- oder Privatpartys muss das Tanzbein leider so gut wie immer in der Ecke stehen. Dafür gibt es aber einen Haufen anderer Veranstaltungen, die oftmals kostenlos sind. So z.B. die **Nacht der Klänge** in der Unihalle. Da lassen Dir verschiedene Künstler buchstäblich das Trommelfell flattern. Das Programm ändert sich jedes Jahr, es wird gerappt, in der Mensa-Küche musiziert und experimentelle Künstler leben ihre kreative Ader aus. Vorbeikommen lohnt sich.

--> s. „Festivals", S. 207

Du liebst Wetten und bist eher ein Gewinnertyp? – Versuch Dein Glück beim **Entenrennen**. Auf der zugehörigen Internetseite kann schon vorab der Countdown verfolgt werden. Außerdem erfährst Du, wo die Kandidatin – übrigens eine Gummiente – gekauft werden kann. Die Enten werden auf der Fußgängerbrücke zwischen dem alten Freibad Schildesche und der Brücke Erdsiek zu Wasser gelassen. Ab da heißt es dann Daumen drücken für das Quietscheentchen. Etwas zu gewinnen gibt es natürlich auch.
www.bielefelder-entenrennen.de

In Sudbrack, auf dem Gelände der gleichnamigen Baugesellschaft, findet in der Adventszeit traditionell der **Sudbracker Adventsmarkt** statt. Bei Glühwein und Kinderpunsch kommt man schnell ins Gespräch mit den Tischnachbarn. Findet sich niemand auf der eigenen Wellenlänge, kannst Du trotzdem noch einen kleinen Bummel machen und vielleicht ein Weihnachts-Mitbringsel für Oma oder Opa ergattern.

Auch wenn Du auf Klassik stehst, bist Du in Sudbrack an der richtigen Adresse. Einmal im Jahr, immer im Sommer, findet nämlich die kostenlose Veranstaltung **Klassik am Meierteich** statt. Einfach mit dem Picknickkorb losziehen und Dich von der Bielefelder Philharmonie oder anderen interessanten Interpreten verzaubern lassen.

Der besondere Platz

Die steile Bergstraße und Sackgasse Sieben Hügel sollte zu Fuß erklommen werden. Oben angekommen durchquerst Du dann ein Villenviertel der Extraklasse. Hier reihen sich neue und alte Großgebäude aneinander, am Ende der Straße führt ein kleiner Trampelpfad in die Roonstraße, bis ein Weg rechts den Berg hinaufführt. Und dann klettern, klettern, klettern. Wer sich zwischendurch umdreht, kann einen der schönsten **Ausblicke auf die Stadt** genießen, und wer noch mehr Bewegung möchte, darf danach durch den Wald nach Gellershagen zum Tierpark Olderdissen laufen.

Zu anstrengend? Dann einfach bei der nächsten Möglichkeit von der Roonstraße den Weg nach links bergab wählen. Der lohnt sich nämlich auch, denn er führt direkt in den **Oetkerpark**, auf den Du aus dieser Perspektive ebenfalls einen tollen Ausblick genießen kannst.

Senne

Senne ist durch den Hauptkamm des Teutoburger Waldes von der Mitte Bielefelds getrennt. Das macht sich auch im öffentlichen Leben deutlich bemerkbar. Weder dichtes Gedränge auf den Straßen noch viele Studenten-WGs oder eine ausgeprägte Gastronomie findest Du vor Ort.

Sehr wichtig für die Senne ist der riesige Sennefriedhof im Ortsteil Buschkamp. Hier liegen u.a. auch viele Opfer des Nationalsozialismus begraben, z.B. Menschen, die in der näheren Umgebung Zwangsarbeit leisten mussten. Das Gelände ist unglaublich weitläufig und durch alte Baumbestände geprägt. Es sind hauptsächlich Nadelbäume wie Tannen und Fichten, aber auch einige Laubbäume gibt es dort. Durch die enorme Ausdehnung fällt Dir wahrscheinlich nicht so schnell auf, dass Du auf einem Friedhof bist. Und auch die typische Grusel-Gräber-Atmosphäre fehlt, denn der Sennefriedhof wird gerne von Spaziergängern mit oder ohne Hund genutzt. Wenn Du zum ersten Mal hierher kommst, solltest Du vielleicht ein Foto von der Karte direkt am Eingang schießen, damit Du wieder hinaus findest. Denn wenn man sich verläuft, wird's eventuell doch noch unheimlich.

Auch für etwas anderes ist der Bezirk im Bielefelder Süden bekannt: Bielefeld machte sich in der Vergangenheit unter anderem durch gutes Leinen international einen Namen und in der Senne,

genauer in Windelsbleiche, wurden diese Stoffe früher gebleicht. Noch heute ist Bielefeld für die Bekleidungsindustrie ein relevanter Standort und auch in Windelsbleiche wird weiterhin Bekleidung veredelt. Zum großen Klamottenshopping musst Du Dich allerdings trotzdem auf den Weg in die Innenstadt machen.

Wohnen in Senne

Rund um die Endhaltestelle der Straßenbahnlinie 1 im Stadtteil Buschkamp stehen zahllose Einfamilienhäuser. Auch wenn es die in ganz Bielefeld massenweise zu geben scheint, sind sie für die Senne ganz besonders typisch. Nur vereinzelt stehen Fachwerkhäuser und Neubauten zwischen diesen Häuserzeilen.

Weiter in Richtung Flugplatz, der im Ortsteil Windelsbleiche liegt, kannst Du auch das eine oder andere Mehrfamiliengebäude finden. Häufig erkennst Du an den mit Blumenkästen und Pflanzen verschönerten Balkonen, dass die Menschen sich hier wohlfühlen. Nur sehr wenige Häuser haben bis zu zwölf Etagen und sind weniger gut in Schuss.

Windelsbleiche kann mit dem Marktplatz des Bezirks aufwarten. Die alljährlichen Veranstaltungen wie der Adventsmarkt, das Aufstellen des Weihnachtsbaums und der Senner Sommer finden dort statt. Nichts für Dich? Du gehst lieber auf Entdeckungstour und rätselst auch gerne? Das Senner Osterrätsel gibt es jedes Jahr und wird von der Senner Gemeinschaft organisiert. Die Mitglieder legen in der Osterzeit Rätselflyer in ihren Geschäften aus und die haben es durchaus in sich. Wenn Du Dich auskennst oder die Lösung auf einem Deiner Streifzüge herausfindest, dann hast Du deshalb sogar gute Chancen Preise zu gewinnen. Und wenn Du die Augen etwas weiter offen hältst, dann hoppelt Dir vielleicht auch der Senner Osterhase vor die Füße und Du kannst ein Osterei abstauben.

INFOBOX

Einwohnerdichte:

Distanz zum Jahnplatz: 6,5–10 km

Grünfläche:

Der Ortsteil Windflöte liegt im Südwesten von Senne. Kein Bielefelder würde Dir raten dorthin zu ziehen, obwohl kaum einer jemals die Siedlung betreten hat. Das ist auch nicht verwunderlich, denn so wirklich was zu sehen gibt es nicht in Windflöte. Hauptsächlich Wohnblocks und Mehrfamilienhäuser, aber auch einige Einfamilienhäuser stehen in dem Stadtteil an der Grenze zum Kreis Gütersloh. Neben den Gebäuden und dem geringen kulturellen Wert ist auch die hohe Ausländerrate ein Grund, warum Windflöte einen so schlechten Ruf hat. Dabei hast Du von fast jeder Wohnung aus einen Blick ins Grüne und das Wohnklima ist eher wie in einem dicht besiedelten Dorf. Mit dem Nötigsten wie Milch und Brot kannst Du Dich auch direkt vor Ort versorgen.

Freizeit in Senne

Partytechnisch bist Du im Bezirk etwas von der Zivilisation abgeschnitten, aber immerhin Karnevalisten können sich im Stadtteil Windflöte ziemlich wohlfühlen, denn dort gibt es seit 2002 einen sehr aktiven **Karnevalsverein**.

Auch zum Essen oder was Trinken gehen solltest Du außerhalb der fünften Jahreszeit regelmäßige Fahrten nach Mitte einplanen, denn die paar Speise- und Getränkekarten im Bezirk sind allzu schnell auswendig gelernt.

Die Senne ist für manche aber einfach deswegen das Höchste, weil man vom dortigen **Segelflugplatz** (Am Flugplatz 1) hoch hinaus in die Wolken starten kann. Außerdem gibt es noch eine viel bemerkenswertere Besonderheit: Das **Schlittenhunderennen**! Kein Scherz: Obwohl Bielefeld nicht gerade in Deutschlands Wintersport-Region Nummer eins liegt, finden seit einigen Jahren tatsächlich Schlittenhunderennen in der Senne statt. Bielefeld war dafür 2011 sogar Schauplatz der Deutschen Meisterschaft.

Neben diesem Highlight kannst Du Dir Deine Zeit in der Senner Heidelandschaft aber auch prima mit dem Ausüben klassischer Sportarten, wie Joggen, Radfahren, Inlineskaten oder Wandern vertreiben.

Der besondere Platz

Hast Du gerade ein bisschen Geld übrig und willst gerne einen Tag am Meer verbringen, dann ist der **Flugplatz** in Windelsbleiche in der Tat eine gute Anlaufstation. Denn von hier aus werden öfter Mal „Mitfluggelegenheiten" auf die Nordseeinseln angeboten. Klingt vielleicht unglaubwürdig – ist aber so! Infos gibt's unter Tel. 0521/959470.

Auch Ballonfahrten und Rundflüge starten vom Flugplatz aus. Dein Traum ist ein Flugschein? Den kannst Du hier ebenfalls erwerben und darfst danach alleine abheben. Zu teuer? Zugucken aus dem Flughafenbistro **Dakota Inn** macht auch Spaß.
www.flugplatz-bielefeld.de

Bielefeld

Bielefeld?

//48 Wo wohnst Du

Sennestadt

Die Sennestadt liegt ganz im Süden Bielefelds. Damit bist Du eigentlich überall im Bezirk nah am oder gleich mitten im Grünen. Das Lebensgefühl der Sennestädter hat kräftig Vorstadtluft geatmet – kein Dorfmief, keine Großstadtvibes, sondern der entspannende Duft ausgedehnter Wohngebiete. Böse Zungen sagen auch: Langeweile. Aber böse Zungen gibt's in Sennestadt eigentlich nicht …

Wohnen in Sennestadt

Der Stadtteil Sennestadt wurde in den 50er Jahren auf dem Reißbrett geplant und im folgenden Jahrzehnt aus dem Boden gestampft. Reihenhaus reiht sich an Reihenhaus. Wohnblocks und Mehrfamilienhäuser versprühen das einzigartige Flair dieses „Vorstadtidylls". In den 60er Jahren war die Trabantenstadt hauptsächlich von jungen Familien bezogen worden, das merkst Du schnell, wenn Du Dich heute dort umschaust.

Wo in anderen Großstädten Jugendgangs unterwegs sind, finden sich in der Trabantenstadt in der Senne Rollator-Gangs zusammen. Das Durchschnittsalter entspricht dem Deiner Eltern bzw. eher dem Deiner Großeltern oder irgendwo dazwischen. Ziehst Du hierher, bist Du fast aus-

schließlich von alten Menschen umgeben. Neben den vielen Senioren gibt es zwar auch junge Aussiedler-Familien in Sennestadt, diese bilden aber auch die einzige Ausnahme.

INFOBOX

Einwohnerdichte:

Distanz zum Jahnplatz: 10,5-14 km

Grünfläche:

Dabei scheint sie doch so familienfreundlich zu sein, die durchkonzipierte Sennestadt. Viele Grünzüge, viele Bäume und kleine Waldstücke, die Du durchqueren kannst. Im Herbst riecht es herrlich nach Tannennadeln, im Frühling und Sommer nach frisch gemähtem Gras. Von dichtem Verkehr ist Sennestadt weitgehend verschont. Für den, der sich genauer mit der Entstehungsgeschichte des Bezirks beschäftigt hat, sollte der letzte Punkt – wenig Verkehr – eine Überraschung sein, denn Sennestadt wurde ursprünglich als besonders autofreundliche Siedlung geplant.

An den öffentlichen Nahverkehr ist der Bezirk zudem hervorragend angeschlossen. Viele Busse, die Dich bis zur Endhaltestelle Senne oder in die anderen Stadtteile bringen, und auch der Zuganschluss sind nicht zu unterschätzen. Auf die Sennebahn aufgesprungen, musst Du Dich nur noch drei Stopps lang gedulden, bis Du am Hauptbahnhof angekommen bist. Außerdem geht's von hier auch schnell ins benachbarte Schloß Holte-Stukenbrock, eine Karnevalshochburg Ostwestfalens, oder nach Paderborn.

Wie Du vielleicht schon mitbekommen hast, ist Bielefeld eine sehr behindertenfreundliche Stadt. Das liegt unter anderem an den von Bodelschwinghschen Stiftungen, die ihren Hauptsitz im Bezirk Gadderbaum haben. Aber auch in der Sennestadt liegt ein Teil der Anstalten, nämlich im Ortsteil Eckardtsheim, der schon direkt an den Kreis Gütersloh grenzt: Rund ein Viertel der Bewohner des Ortsteils leben in den pflegerischen Einrichtungen. Neben diesen gibt es in Eckartsheim hauptsächlich neuere und ältere Einfamilienhäuser mit Spitzdächern, in denen vor allem ältere Menschen und junge Familien leben.

Südöstlich, direkt an der Grenze nach Schloß Holte-Stukenbrock liegt der Stadtteil Heideblümchen und als Bewohner desselben heißt Du dann auch so. Hinter diesem Namen verbirgt sich außerdem ein Wohngebiet mit netten Mehr- und Einfamilienhäusern und es gibt es auch das **Bistro Heideblümchen** (Sender Str. 78). Genau wie im Rest des Bezirks wohnen hier überwiegend ältere Menschen und einige junge Familien, die es sich tief in Bielefelds Süden gemütlich gemacht haben. Mit dem Bus hast Du von hier aus Anschluss nach Sennestadt und nach Schloß Holte-Stukenbrock.

Im Ortsteil Dalbke findest Du die unterschiedlichsten Einfamilienhäuser. Da gibt es kleine Häuser, die einander recht ähnlich sehen, Doppelhaushälften im Neubaugebiet, aber auch richtig großzügige Anwesen mit großen Vorgärten und noch größeren Gärten hinterm Haus. Wenn Du hier wohnst, lebst Du auf jeden Fall naturnah und ruhig, denn Dalbke hat trotz seiner geringen Größe gleich drei Naturschutzgebiete. Für das tägliche Leben musst Du trotzdem keine weiten Wege auf Dich nehmen: Neben Bäcker und Supermarkt

findest Du auch ein paar Tankstellen für den (teuren) Notfalleinkauf. Wenn Du doch lieber schnell weg möchtest: Die A2 und die A33 liegen direkt um die Ecke.

Freizeit in Sennestadt

Das junge, hippe Leben mit Bars und Kneipen suchst Du in Sennestadt vergebens, Cafés mit leckerem Kuchen gibt es dafür zumindest ein paar. Diese empfehlen die älteren Leute nicht ohne Grund, denn die Kuchenauswahl ist groß und lecker. Die Cafés im Stadtteil Sennestadt zum Beispiel befinden sich in der kleinen „Innenstadt" rund um die Haltestelle Sennestadthaus. Hier gibt es auch Supermärkte, Drogerien, einen Buchladen und einen kleinen Teich, auf dem ein paar Enten ihre Runden drehen. Außerdem findest Du die überschaubare Stadtteilbibliothek direkt um die Ecke.

Schwimmen und Plantschen geht man als Sennestädter im **SennestadtBad** (Travestr. 28), allerdings sind die Öffnungszeiten sehr speziell, da das Bad viel von Schulklassen und den Bodelschwinghschen Anstalten im nahen Bethel genutzt wird. Aber auch sonst ist Sennestadt gut zum Sporteln. Fürs Joggen eignen sich Grünflächen, verkehrsberuhigte Zonen und kleine Fußwege, die Du überall findest. Einfach umherschweifen und Du entdeckst bestimmt jeden Tag einen neuen Schleichweg.

Lust auf Kindheitserinnerungen? Das **Bullerbachtal**, dessen Name ein bisschen an Astrid Lindgrens Geschichte Bullerbü erinnert, ist der Ort an dem – tada – der Bullerbach entspringt. Und so ähnlich wie bei Lasse, Bosse, Ole und Co. sieht es dort auch aus, einfach idyllisch! Schon drei Kilometer weiter bachabwärts fließt der Bullerbach mit einem weiteren Bach zusammen und heißt ab hier: Dalke. An der Elbestraße, von der aus Du das Bullerbachtal per Fußmarsch durch die Heidelandschaft erreichen kannst, befindet sich ein Spielplatz der Superlative. Neben der zugehörigen Kickwiese, auf der es sogar richtige Tore gibt und die ohne Anmeldung genutzt werden darf, präsentiert sich auch eine spektakuläre Rutsche. Rauf auf den Berg geklettert und im Affentempo runter auf die Wiese. Leider dürfen nur Kinder auf die Spielgeräte.

Der besondere Platz

In der Sennestadt liegt das Bielefelder **Tierheim** (Kampstr. 132), das immer wieder die eine oder andere helfende Hand gebrauchen kann. Ob zum Hunde ausführen (Mo–Fr von 15.00–18.00 und Sa von 14.00–16.00 Uhr) oder auch zum Miezenkraulen, als Tierfreund bist Du hier ein gern gesehener Gast. Infos bekommst Du vor Ort oder im Netz. www.tierheim-bielefeld.de

Stieghorst

Stieghorst ist der wohl durchwachsenste Bezirk der Stadt. Von den durchaus kleinen und verschlafenen Stadtteilen Lämershagen und Ubbedissen bis zum umtriebigen Gewerbegebiet oder den großen Wohnkomplexen in Sieker reicht die Palette. Irgendwie attraktiv muss diese Ecke aber schon immer gewesen sein, denn es soll auf dem Gebiet des Stadtteils Sieker bereits um Christi Geburt, so las-

Häuschen   schön   **Wohnung**
   Gartenzaun   Nachbar

sen Ausgrabungen vermuten, eine Ansiedlung gegeben haben. Urkundlich nachgewiesen ist diese dann allerdings erst im 13. Jahrhundert. Und wie wohnt es sich heute so im Bezirk?

INFOBOX

Einwohnerdichte:

Distanz zum Jahnplatz: 3–9,2 km

Grünfläche:

Wohnen in Stieghorst

Rund um die Endhaltestelle Sieker, entlang der Detmolder und der Otto-Brenner-Straße tummeln sich Großmärkte, Baumärkte, Supermärkte und jede Menge Tankstellen, Fastfood-Restaurants sowie einige Hotels. Den Berg zur Rechten hinauf in Richtung Teutoburger Wald stehen Ein- und Mehrfamilienhäuser, aber auch ein privates Studentenwohnheim hat sich hierher verirrt.

Bergab in Richtung der Haltestelle Roggenkamp der Linie 3 stehen überwiegend größere Wohnkomplexe. Rund um die Stralsunder und Greifswalder Straße sowie den Butterkamp lassen sich viele behindertengerechte Wohnungen finden. Sonst wohnen dort überwiegend junge Leute, aber auch viele Spätaussiedler und Zuwanderer.

Bielefeld

Bielefeld?

endlich   endlich   endlich

//54 Wo wohnst Du   zu Hause   Park
                   gemütlich Heimat
                           wohnen

Weniger behindertengerecht, aber international gemischt sieht es am Gersten-, Oster- und Wegskamp aus, die Häuser sind allerdings älter und nicht besonders gut in Schuss. Das Zusammenleben mit vielen Menschen auf engem Raum sollte Dir ebenfalls nichts ausmachen, wenn Du Dich hier niederlässt.

Der Stadtteil Stieghorst selbst ist durch die Stadtbahnlinie 3 mit dem Stadtzentrum verbunden. Das Zentrum von Stieghorst hält die (nicht ausnahmslos) nötigsten Dinge bereit: Supermarkt, Schneider, eine Bank und eine Eisdiele mit leckerem Angebot. Hübsch ist es – wie so vieles in Bielefeld – auf den ersten Blick nicht unbedingt, dafür aber zweckmäßig. Du kannst die täglichen Dinge erledigen, ohne Dich nach der Uni, Ausbildung oder Arbeit nochmal auf den Weg in die Stadt machen zu müssen.

Die Häuser in Stieghorst sind entlang des Grünstreifens, der bis kurz vor das Ortsschild von Hillegossen reicht, mehretagig, aber zum Großteil erst Ende der 80er und Anfang der 90er Jahre gebaut worden und deshalb noch in gutem Zustand. Wohnst Du hier, hast Du Familien und Zuwanderer als Nachbarn. Rundherum findest Du auch kleinere Häuser, in denen hauptsächlich ältere Leute wohnen.

Hillegossen ist zwar nicht sehr groß, dafür gibt es aber alles für das tägliche Leben. Vor einigen Jahren wurde an der Detmolder Straße ein kleines Einkaufszentrum aus dem Boden gestampft, das neben einigen Klamottenläden und Supermärkten sowie einer Drogerie auch ein Schuhgeschäft beherbergt. Überhaupt ist die Detmolder Straße die Lebensader des Stadtteils. Ein nicht unwichtiges Detail hierzu: Im **Troja** (Detmolder Str. 580), einer Kombination aus Grill und Pizzeria, gibt's die besten Pommes to go in Hillegossen.

Von der Bushaltestelle an der Detmolder Straße bringen Dich gleich mehrere Linien bis ins Stieghorster Zentrum, außerdem fährt die Nachtbuslinie 5 am Wochenende mitten durch Hillegossen. Du

willst am Wochenende schnell woanders hin? Nichts leichter als das: Du wohnst unweit der **Autobahnauffahrt** Bielefeld-Zentrum an der A2. Einfach drauf und ab nach Berlin oder in Richtung Ruhrpott. Je nachdem, wo's hingehen soll.

Ein paar Meter weiter, auf der anderen Seite der Autobahn, befindet sich der kleine Ortsteil Ubbedissen. Was auf der Landkarte weit entfernt vom Zentrum liegt, ist in Wirklichkeit gar nicht so schlecht angeschlossen, denn in Ubbedissen gibt es immerhin einen Bahnhof und von dort aus bist Du in Windeseile im Zentrum. Na ja, der Zug ist nicht wirklich der schnellste, aber immerhin bist Du binnen weniger Minuten am Bielefelder Hauptbahnhof und kannst Dich ins Getümmel werfen. Du musst aber auch von hier aus nicht zwingend in den nächsten Stadtteil, denn mit den wahrhaft überlebenswichtigen Dingen des Alltags versorgen Dich Supermarkt, Frisör und Apotheke.

Der Ortsteil Lämershagen, der zwischen Sennestadt und Hillegossen liegt, hat rund 1000 Einwohner. Im Wohngebiet rund um die Wrachtrupstraße befindet sich die Hauptsiedlung. Ein richtiges Zentrum gibt es hier nicht. Wenn Du im kleinen Lämershagen eine Bleibe findest, dann bist Du hauptsächlich von jungen Familien und alteingesessenen Lämershagenern umgeben. Rundherum gibt's jede Menge Bäume und Felder. Außerdem hast Du die Autobahn wirklich direkt vor der Tür. Zur Auffahrt auf die A2 in Sennestadt sind es weniger als 1,5 Kilometer.

Wenn Du schnell mal die Stadt verlassen willst, ist Lämershagen, neben Hillegossen, also auf jeden Fall die richtige Adresse. So klein der Stadtteil auch sein mag, es hält auch ein Bus dort. Vom Jahnplatz aus brauchst Du rund eine halbe Stunde zur Wrachtrupstraße, allerdings musst Du unterwegs jeweils an der Stadtbahn-Endhaltestelle in den Stadtteilen Sieker bzw. Stieghorst umsteigen.

Freizeit in Stieghorst

Was macht man eigentlich abends so in Lämershagen? Naja, man ist Zuhause – oder eben gerade nicht. Denn für etwas Abwechslung zur heimeligen Couch bleibt im Prinzip nur der Weg raus aus dem Stadtteil. Nebenan in Ubbedissen ist auch nicht gerade viel mehr los, sieht man mal von der **Volkssternwarte** (Wietkamp 5) ab, von der aus Du immerhin alles mitbekommst, was im näheren Umkreis des Universums so passiert. www.volkssternwarte-ubbedissen.de

Auch ohne gedankenverlorene Blicke ins All kann man sich im Bezirk aber durchaus ein paar Stunden pro Woche die Zeit vertreiben: Zum Beispiel bei Konzert, Theater, Kabarett oder einer Ausstellung im **FZZ** (Freizeitzentrum Stieghorst, Glatzer Str. 21). Für satte Rocksounds geht man jedoch eher ins **Abseits** (Lipper Hellweg 262). www.abseits-rockbar.de

Zum „selber mitmachen" bietet sich Dir eine gute Auswahl an Chören, Musikvereinen und nicht zuletzt Sportvereinen – vom **1. Snooker- und Billard-Club Bielefeld e. V.** (Reichenberger Str. 40) über Reitvereine in Ubedissen und Hillegossen bis zur **Scottish Country Dance Group Bielefeld** (trainiert im FZZ).

Um schnell und günstig zu essen, führt kein Weg an der Detmolder Straße vorbei. Hier versammeln sich nicht nur die üblichen Fast-Food-Ketten, sondern auch einige Pizza-Lieferdienste und (Asia-) Imbisse.

Pizza, Pasta und feine italienische Küche in einfach-familiärem Ambiente gibt's auch – und zwar im Ristorante **Alte Münze** (Am Niederfeld 2). Ansonsten isst man offensichtlich gerne Griechisch im Bezirk: Mit gleich drei griechischen Lokalen ist die Gyros-Dichte in Stieghorst beachtlich. www.alte-muenze-bielefel.de

Der besondere Platz

s. „Hunger", S. 68

Wenn Du Parks liebst, egal ob zum Joggen oder Spazierengehen, dann solltest Du den Grünstreifen nutzen, der gegenüber von Araltankstelle und Subway an der Detmolder Straße beginnt und von Hillegossen bis zum Stadtteil Stieghorst führt.

Im Frühling kannst Du das erste Lindgrün der Bäume begrüßen, im Sommer die angenehme Kühle genießen, im Herbst durch raschelnde Blätter laufen und im Winter einen Schneespaziergang machen. Apropos Winter – im Grünstreifen selbst befindet sich auch ein kleiner See, der im Winter, wenn es richtig friert, von Hobbyschlittschuhläufern sehr geschätzt wird.

P

Stra

//60 Von A nach B **Fahrrad** Stau
Straßenbahn
Schiene

Ein erster Überblick ...

Bielefelds Innenstadt durchquerst Du am besten und schnellsten zu Fuß. Um aber erst mal dort hinzukommen, ist vor allem das Fahrrad ein sehr beliebtes und geeignetes Verkehrsmittel, wie Du rund um die City unschwer erkennen wirst: Hier gibt es besonders viele Radfahrer, die auf einigen Straßen auch ausdrücklich Vorfahrt haben.

Bei schlechtem Wetter oder akuter Sportangst kannst Du dann immer noch auf den Bus oder die Bahn zurückgreifen. Als Inlineskater oder Skateboarder wirst Du es allerdings schwer haben, Dich durch die Bielefelder Innenstadt zu kämpfen, richtig austoben kannst Du Dich dafür aber auf dem Kesselbrink (hier findest Du einen Skatepark). Und wenn Du Dich mit dem Auto auf den Weg machst und Parkhäuser scheust, musst Du in der Innenstadt damit rechnen, viel Zeit mit der Parkplatzsuche zu verbringen.

Für die erste Orientierung in der neuen Stadt kannst Du (zwischen April und Oktober) eine Fahrt mit dem **Sparrenmobil** antreten, das Dich in einer einstündigen Rundfahrt zu den wichtigsten Sehenswürdigkeiten bringt. s. „Stadtführungen & Spaziergänge", S. 17

Loch im Schuh, nasse Füße oder ein abgebrochener Absatz? Hilfe gibt's bei einem dieser Schuhdoktoren:

Kreft (Treppenstr. 3-7), Tel. 0521/4593868

Lücke (Neustädter Str. 12), Tel. 0521/62804

Schuhbar und Schlüsseldienst (Kreuzberger Str. 25), Tel. 0521/1641078

Wem die Fahrt mit dem Bimmelbähnchen eine Spur zu albern ist, der wird sich vielleicht zu einem Spaziergang durch die ausgesprochen fußgängerfreundliche Stadt entschließen. Die Innenstadt ist, ohne dass Du Dich überanstrengst, zu Fuß zu bewältigen und auf diese Art auch am besten zu entdecken.

Mit dem Zweirad auf Achse

Enterst Du als Neubürger Bielefeld über eine der Hauptstraßen, wird Dir schon bald auffallen, dass die Stadt nicht nur ein Herz für Fußgänger hat, sondern auch dem Zweiradfreund so einiges bietet. Die Schilder mit dem Hinweis „Fahrradfreundliche Stadt" werden Dir immer wieder begegenen und Du wirst feststellen, dass die Stadt diesen Titel zu Recht trägt:

Bielefeld ist Mitglied der „Arbeitsgemeinschaft fahrradfreundliche Städte, Gemeinden und Kreise in Nordrhein-Westfalen e.V." und hat für ein großes Netz an Radwegen und Fahrradstraßen gesorgt – nicht selten genießt Du als Radfahrer das Vorfahrtsrecht.

Viele der Radwege schaffen kurze Verbindungen zwischen den einzelnen Stadtteilen, aber nicht nur der eilige Stadtradler profitiert von diesem Radwegsystem, auch für Ausflüge ins Grüne kann man sich auf gut ausgebaute Routen freuen.

Bielefeld Bielefeld?

//62 Von A nach B • Fahrrad • Straßenbahn • Stau • Schiene

Falls Du Dich zu den ambitionierten Sonntagsradfahrern zählst, lohnt sich die Anschaffung einer Fahrradkarte, die Dir für eine Tour zu den umliegenden Städten die schönsten Strecken zeigt, wie z.B. die Engelroute (von Bielefeld nach Herford). Namensgebend für diese landschaftlich sehr schöne Strecke sind die aus Holz geschnitzten Engel, die die Fassaden von über 20 Bauernhäusern zieren.

Weitere Tipps für Touren innerhalb Bielefelds inkl. der GPS-Daten direkt zum Runterladen findest Du auf der Website des Allgemeinen Deutschen Fahrrad-Clubs (ADFC). Analoge Radkarten bekommst Du in der ADFC-Geschäftsstelle (Stapenhorststr. 90).
www.adfc-bielefeld.de

Sollte es Dir nach einer kräftezehrenden Shoppingtour zu anstrengend sein, den Heimweg auch noch mit dem Fahrrad zu fahren, kannst Du es auch einfach in den öffentlichen Verkehrsmitteln mitnehmen. Dazu musst Du aber ein extra Ticket ziehen. Außerdem gilt für Dich: Andere Passagiere und Kinderwagen haben Vorrang. Glücklicherweise kommt es aber nur selten vor, dass Du wirklich Platz machen und bereits vor Deinem Ziel mit Deinem Fahrrad wieder aussteigen musst.

In der Stadt stehen lassen solltest Du Deinen gesattelten Begleiter über Nacht aber besser nicht. Auch wenn er gut angeschlossen und somit am nächsten Tag noch da ist, so ist er dann wahrscheinlich nicht mehr unbedingt fahrtüchtig.

Schiene Zug
Straßenbahn Radweg

Sollte Dein Fahrrad mal länger am selben Fleck in der Innenstadt herumstehen, wird es dann auch schonmal von der Polizei abgeschleppt. Holst Du es innerhalb einer gewissen Zeitspanne nicht ab, kommt es zur Fahrrad-Versteigerung im Ravensberger Park vor dem Ordnungsamt.

Wenn Du also für die neue Stadt auch gleich ein neues und erschwingliches Fahrrad brauchst, kannst Du hier ein echtes Schnäppchen machen. Die aktuellen Versteigerungstermine findest Du im Netz unter: www.bielefeld.de

--> Rat • Verwaltung --> Dienststellen von A bis Z --> Ordnungsamt
--> Sicherheit und Ordnung --> Versteigerung

Solltest Du Dein Fahrrad aber mal stehen lassen müssen, zum Beispiel, weil Du mit dem Zug weiterfährst, dann am besten gleich auch am Hauptbahnhof in der **Radstation** parken. Hier gibt's außerdem einen Reparaturservice und die Möglichkeit, ein Rad auszuleihen. www.mobiel.de --> Services --> kombiniert mit moBiel
--> Radstation

Auch bei **flott weg** (Am Bahnhof 2) kannst Du direkt vom Zug auf zwei Räder umsteigen – inzwischen bekommst Du dort auch ein Leih-E-Bike. Tel. 0521/178817, www.flott-weg.de

Ebenfalls am Hauptbahnhof, aber auch an diversen anderen Ecken Bielefelds bietet Dir **Nextbike** ein Leihrad an. www.nextbike.de

Fahrradläden und Reparaturwerkstätten gibt's in Bielefeld natürlich auch überall. Ist Dein Rad also mal wieder nicht einsatzbereit – kein Problem! Hier kannst Du den hilfsbedürftgen „Patienten" einliefern:

Kiez Fiets (Stapenhorststr. 84),
Tel. 0521/3278868, www.kiezfiets.de

Bielefeld Bielefeld?
dlich endlich endlich

//64 Von A nach B

Fahrrad Straßenbahn Stau Schiene

feine räder (Oberstr. 42),
Tel. 0521/63811, www.bielefeld.feineraeder.de

Sattelfest (August-Bebel-Str. 38),
Tel. 0521/97799369, www.sattelfest.de

Etienne's Radladen (Am Bahnhof 2),
Tel. 0521/139645, www.etiennes-radladen.de

Für Studenten der Uni und der FH hat der AStA eine Werkstatt, in der man selbst Hand anlegen kann, um das Rad zu reparieren: **Radtschlag** (im Oberstufenkolleg direkt neben der Uni).
www.asta-bielefeld.de   --> Service --> Rad(t)schlag

... oder doch lieber mit den Öffentlichen?

Wenn Du Dich entscheidest, den Öffentlichen Nahverkehr täglich zu nutzen, besorgst Du Dir am besten ein Abo. Das Prinzip ist altbewährt: Abo auswählen und dann heißt es Flatrate-Fahren. Für die Fahrt mit dem Nachtbus gibt es für alle Abo-Besitzer einen Rabatt. Wenn Du allerdings nicht so regelmäßig mit den Öffentlichen unterwegs bist, hast Du natürlich auch die Möglichkeit, Deinen Fahrschein am Automaten oder direkt beim Fahrer zu kaufen.

Seit einigen Jahren gibt es in Bielefeld außerdem das Handy-Ticket. Dafür musst Du Dich einmalig (kostenlos) im Internet anmelden. Alternativ geht das aber auch vor Ort in der Filiale von **moBiel** (Stadtbahnhaltestelle Jahnplatz). Infos zu allen Tickets, Abos und eine Ticketberatung findest Du unter: www.mobiel.de

Schiene   Radweg   Zug
Straßenbahn

Auf Schienen

Vier Straßenbahnlinien schlängeln sich durch das Bielefelder Stadtgebiet. Alle vier treffen sich jeweils am Hauptbahnhof, am Jahnplatz und am Rathaus. Ausnahmen sind die wenigen Sonderlinien, die zu Stoßzeiten ungewöhnlicherweise z.B. vom Lohmannshof bis nach Stieghorst fahren oder von Brackwede nach Sieker und dann manchmal nicht den Umweg über die drei zentralen Stationen nehmen. Ein Blick auf die Außen- oder Innenanzeige der Fahrziele und –zeiten kann einige Holzwege und nervige Warterei verhindern und dazu beitragen, dass sich der Arbeits- oder Heimweg deutlich verkürzt.

Bei Bielefeld-Neulingen führt die Tatsache, dass die Straßenbahn in der Innenstadt vorwiegend unterirdisch hält, manchmal zu einiger Verwirrung, da sie an diesen Stellen als „U-Bahn" bezeichnet wird. Falls Du also mal nach dem Weg zu einer Haltestelle in der Innenstadt fragst, kann es Dir passieren, dass man Dich zur „U-Bahn" schickt und Du Dich dann fragst, ob Du überhaupt in der richtigen Stadt bist. Die Bielefelder nehmen die Unterscheidung zwischen Straßen-, S- und U-Bahn eben nicht so genau.

An manchen Wochenenden wird er Dir begegnen: der **SparrenExpress.** Die Straßenbahn mit den aufwändig restaurierten Oldtimer-Waggons wird für mobile Events eingesetzt, wie die „rollende Kneipentour": Es gibt Musik, Getränke, man fährt quer durch die Stadt und kann an verschiedenen Haltestellen ein- und aussteigen. Für Deine eigene Feier kannst Du aber auch gleich die ganze Bahn mieten; Catering, Musikanlage, Toiletten und eine reichhaltige Theke sind schon an Bord. Weitere Infos dazu findest Du unter: www.mobiel.de

--> Services --> Freizeittipps --> SparrenExpress

Bielefeld   Bielefeld?

dlich   endlich   endlich

Busse und Nachtbusse

So gut wie alle Stadtteile Bielefelds werden regelmäßig von Bussen angefahren – auch an den Wochenenden. Ob Du nun in Jöllenbeck oder in Mitte losfährst, der Fahrpreis ist immer der gleiche. Zusätzlich fahren an Wochenenden und vor Feiertagen in alle Ecken Bielefelds Nachtbusse, die die Feierlaunigen und andere Nachtaktive sicher nach Hause bringen. Wenn Du nach der nächtlichen Busfahrt immer noch eine finstere Strecke zu Fuß hinter Dich bringen musst, kann Dir der Nachtbusfahrer ein Taxi direkt zur Wunsch-Haltestelle bestellen. --> mehr Infos s. „Der Heimweg", S. 156

Mit der Bahn

Falls Du tatsächlich mal das Bedürfnis verspürst, Dich aus Deinem geliebten Bielefeld zu verdrücken, kommst Du natürlich auch mit der Bahn überallhin. Als Hauptknotenpunkt der Region Ostwestfalen-Lippe ist der Hauptbahnhof eine wichtige Station für den Fern- und Regionalverkehr. Wenn Du also einen Kurztripp in die Umgebung planst, bringt Dich der Nahverkehr der Bahn im Handumdrehen z.B. nach Gütersloh, Münster, Duisburg, Hannover oder Braunschweig, die eurobahn nach Lemgo oder die NordWestBahn nach Holzminden. Da die Busse und Bahnen in Bielefeld einen Gemeinschaftstarif haben, kannst Du Dein erworbenes Ticket auch für die Zugfahrt benutzen.

Und wenn Dich das Fernweh packt – in zweieinhalb Stunden fährt Dich der ICE direkt nach Berlin oder in noch kürzerer Zeit zum Flughafen Köln/Bonn.

Mit dem Auto

Besonders schnell kommst Du mit dem Auto in die Innenstadt, die gewonnene Zeit geht aber dann meistens für die Parkplatzsuche drauf. Parkhäuser und Tiefgaragen gibt es im Altstadt-, Bahnhofs- und City-Bereich einige, in denen größtenteils auch die Gebühren nicht übertrieben hoch sind (je nach Parkhaus nur 3 Euro für den ganzen Tag). Wenn Du diese aber vermeiden möchtest, kannst Du (speziell an Wochenenden) durchaus damit rechnen, Dich auf eine 20-minütige Parkplatz-Odyssee begeben zu müssen.

Wohnst Du im Innenstadtbereich oder einem anderen dicht besiedelten Stadtteil, ist es ratsam, Dir einen Bewohnerparkausweis für das Auto ausstellen zu lassen. Der kostet pro Halbjahr 15 Euro. Einen Parkplatz findest Du damit zwar nicht unbedingt schneller, dafür musst Du aber immerhin nicht ständig einen Parkscheinautomaten füttern oder Dir die Haare wegen regelmäßiger Bußgeldbescheide raufen.

Wenn Du viel Besuch bekommst, kannst Du sogar zusätzliche Besuchertickets in der Bürgerberatung im Neuen Rathaus kaufen. Für welche Straßen diese Regelung gilt und wie die Beantragung funktioniert, sagt Dir die Website der Stadt Bielefeld: www.bielefeld.de

--> Sicherheit • Verkehr --> Verkehr --> Parken
--> Parkgenehmigungen --> Bewohner

Hast Du kein eigenes Auto, willst aber den Großeinkauf für die Geburtstagsparty oder das Superschnäppchen aus dem Möbelhaus nicht im Bus oder in der Bahn nach Hause schleppen, lohnt sich der Anruf bei **Cambio Carsharing** oder auch der Blick auf deren Website. Ob Du das Auto nur für eine Stunde brauchst oder es tage- oder wochenweise benötigst, Du findest im gesamten Stadtgebiet Stationen, an denen Du nach vorheriger Buchung „Dein" Auto in der gewünschten Größe und Ausstattung abholen kannst.
Tel. 0521/6333321, www.cambio-carsharing.com

endlich Essen

lecker lecker
lecker
mampf

Restaurant

Hunger?

Hunger
Hunger
Hunger

Essen
Essen
Essen
Essen
Essen
mampf
Kochen
Kochen
Hunger

Fast Food
Fast Food
Fast Food
Fast Food
mampf
endlich

Hunger? **Hunger?**

Essen zu Hause

endlich

Kochen
Bringdienst Pizza
kaufen Kochen Pizza
Kochen
Einkaufen
Einkaufen
Einkaufen
Kochen
Einkaufen
Bringdienst

Gründe, zu Hause zu essen gibt es viele. Manchmal hast Du einfach keine Lust, auch nur einen Fuß vor die Tür zu setzen und genießt Dein Einsiedler-Leben. Die Couch ist einfach zu gemütlich. Vielleicht willst Du auch mal wieder mit Deiner WG kochen oder Du hast einfach nichts Sauberes zum Anziehen? In Bielefeld muss zu all diesen Überlegungen immer noch der Aspekt des Wetters mit einberechnet werden: Oft blickst Du aus dem Fenster und stellst fest, dass Du von einer fiesen grauen Suppe umgeben bist. Und bevor Du in der untertauchst, bleibst Du besser zu Hause und mutest das Schmuddelwetter höchstens dem Bringdienst zu.

Einkaufen

Der Bielefelder an sich ist ja gar nicht auf frische Ware angewiesen, möchte man meinen, schließlich ist Bielefeld die Wirkungsstätte von Dr. Oetker! Du weißt schon – wahlweise Wasser oder Milch dazugeben und fertig ist die Kiste. Schön, wenn es Dir dennoch in den Fingern juckt und etwas Frisches im Kochtopf landet. Hier ein paar kleine Einkaufstipps:

Bio ist in. Gründe dafür gibt es bekanntlich viele. Definitiv pestizidfrei, ohne künstliche Aromen und Geschmacksverstärker sind die Lebensmittel z.B. hier:

Biofeinkostgeschäft Löwenzahn (Welle 15) www.loewenzahn-bio.de

Biomarkt Dengel (Detmolder Str. 228 und Babenhauser Str. 13). www.dengelbiomarkt.de

Beide haben einen Bio-Backshop. Hier gibt's also auch das Brot fürs Frühstück oder die Stulle auf die Faust.

*Bio kannst Du Dir auch direkt an die Haustüre bringen lassen. Eine Kiste mit Bio-Produkten kannst Du z.B. bei **Gut Wilhelmsdorf** oder bei **Mertens Wiesbrock Naturkost** bestellen.*

www.gut-wilhelmsdorf.de
www.mertens-wiesbrock.de

Wer gerne ins Reformhaus einkaufen geht, sollte z.B. mal bei **Huneke** (Goldstr. 9 oder Zimmerstr. 21) vorbeischauen.

Besondere Einkaustipps

Lust, Messer und Gabel in die Ecke zu pfeffern und stattdessen zu einem Paar Stäbchen zu greifen? Vorher muss aber gekocht werden. Eine gute Auswahl an asiatischen Produkten u.a. aus Indien, Thailand, Vietnam, Korea, Indonesien, China und Japan erhältst Du im **Asia Supermarkt** (Neumarkt 11). Die Bedienungen sind hier äußerst hilfsbereit.
www.asia-supermarkt-bielefeld.de

Immer auf der Suche nach einem neuen Rezept?

Probier es doch mal mit einer echten regionalen Delikatesse: Bielefelder Schwarzbrotpudding. Eine ganze Menge Rezepte dafür findest Du im Internet.

Für gute italienische Küche braucht man so allerhand Zutaten, die man am besten direkt beim Spezialisten kauft. Das **Andronaco** (Osningstr. 25) versorgt Dich mit Pasta, Ölen, Weinen, Gewürzen und allem, was man sonst noch für einen gelungenen italienischen Abend braucht. www.andronaco.info --> *Standorte* --> *Bielefeld*

Eine große Auswahl an türkischen Backwaren und Lebensmitteln gibt es z.B. bei **Kemal** (Meller Str. 45).

Das Delikatessengeschäft **Klötzer** (Niedernstr. 41) hat ein internationales Gourmet-Sortiment vorzuweisen. Als Krönung gibt es eine 30 Meter lange Frischetheke. Hier bekommst Du einfach alles für den Feinschmeckerabend. Apropos: Gerade wurde der edle Laden von der Zeitschrift „Der Feinschmecker" zu einer der 500 besten deutschen Einkaufsadressen gekürt – Glückwunsch!
www.kloetzer-delikatessen.de

Wochenmarkt

In Bielefeld wird eine sehr lebendige und vielfältige Wochenmarktkultur gepflegt – jeder Ortsteil hat seinen eigenen Wochenmarkt. Gleichzeitig bedeutet das auch, dass an nahezu jedem Tag der Woche irgendwo in Bielefeld Markt ist! Schnell hast Du hier alles zusammen, was ein üppiges Mahl verlangt. Eine Übersicht über die Wochenmärkte findest Du auf Seite 74/75.

Aktuelle Informationen und die Markt-Termine findest Du auch unter: www.bielefeld.de --> Suchbegriff „Wochenmärkte" eingeben

Ein Markt, den man in Bielefeld auf jeden Fall einmal besucht haben sollte, ist der **Wochenmarkt am Siegfriedplatz**. Der Siegfriedplatz ist der Platz schlechthin in der Stadt. Mittwochs und freitags finden sich hier die Markthändler ein und preisen ihre Waren an. Besonders an sonnigen Tagen kannst Du hier Deine Einkaufstour auch mal kurz unterbrechen, ein Käffchen trinken oder ein Päuschen an der direkt angrenzenden Bürgerwache einlegen.

Abends, wenn die Einkäufe erledigt und die Marktstände längst weg sind, trifft man sich hier zum Chillen und Plauschen. Man sitzt auf den aufgewärmten Steinen und die nahegelegene Bürgerwache versorgt Dich mit Getränken. Wer lieber selbst was mitbringen will: Kiosk und Supermarkt gibt es auch um die Ecke.

Bringdienste

Der Magen ist leer und der Kühlschrank leider auch! Wer kann davon nicht ein Liedchen singen? Zum Glück gibt es ja den Lieferservice. Hast Du schon einen Lieblingsbringdienst? Dann drück einfach die Kurzwahltaste. Wenn nicht: Probier Dich mal durch die folgenden Adressen für Pizza, Thai, Indisch und Co.:

Wochen...

Mitte
Rathausplatz
Di & Do
8.00 bis 14.00 Uhr

Brackwede
Platz vor der Feuerwache
Di , Do & Sa
7.00 bis 13.00 Uhr

Mitte
Jakobuskirchplatz
Mi & Fr
7.00 bis 13.00 Uhr

Dornberg
Kreuzberger Straße
Do 14.30 bis 18.00 Uhr

Mitte
Neumarkt
Sa
8.00 bis 14.00 Uhr

Senne
An der Windflöte
Fr 14.00 bis 17.00 Uhr

Gadderbaum
Roter Platz / Bethel
Do 14.00 bis 18.00 Uhr

Heepen
Platz vor dem Bezirksamtsgebäude
Sa 7.00 bis 13.00 Uhr

Pizza / Italienisch

Bei **Inferno** sind die Pizzen groß mit reichlich frischem Belag und sehr leckerem Teig. Hier schmeckt man den Holzsteinofen, in dem sie gebacken wurden. Tel. 0521/874166,
www. pizzeria-inferno.de

Auch bei **Gameiro** weiß man, wie eine gute Pizza gemacht wird. Für den großen Hunger kannst Du hier jede Pizza auch in XXL bestellen. Unbedingt auch die Pizzabrötchen probieren! Tel. 0521/5574557, www.gameiro.de

Eine „teuflisch schnelle" Lieferzeit verspricht **Diabolo** und bietet eine Riesenauswahl an Pizza, Pasta und Salaten. Pita bringt Diabolo Dir auch. Tel. 0521/172581, www. diabolo-pizzeria.de

Ein bisschen mehr als Italienisch liefert **Fiorino's Pizzaservice**. „Tante Getrud" (Kartoffeln, Hackfleisch und Wirsing in Rahmsoße, mit Käse überbacken) kannst Du aber z.B. auch bestellen. Tel. 0521/133111, www.fiorinos.de

Chinesisch, Thai

Oder doch lieber Thailändisch oder Chinesisch? Dann probier's einfach mal hier:

Wok Me: Schnelle Lieferung und besonders die Peking-Suppe ist zu empfehlen. Tel. 0521/137088.

Phú Gia: Hier gibt's auch Gerichte jenseits des Asia-Imbiss-Einerleis, wie Spinatsuppe mit Krabben, oder Ente mit Schwarzbohnen-Knoblauch-Sauce. Tel. 0521/39961174, www.asia-phugia.de

Indisch

Ob Ente, Huhn oder Lamm – solltest Du eher Lust auf indisches Essen haben, hat **Bombay Curry** bestimmt was für Dich in seinem Angebot. Tel.0521/96793888, www.bombaycurry-bielefeld.com

Sushi

Nigiri, Sashimi, Maki California – alle Arten von Sushi fährt Dir **Oishi Sushi** direkt bis an die Haustür. Tel. 0521/97797144, www.oishisushi.de

Griechisch

Sieker Grill: Neben Gyros in allen möglichen Kombinationen gibt's hier auch die Bringdienst-Klassiker Pizza und Schnitzel. Tel. 0521/96295588

Yaren Grill: Bifteki und Souflaki für daheim, außerdem Döner, Schnitzel, Lahmacun, Pita und Baguettes. Tel. 0521/1249190.

Baguettes

Baguettes mit dem Belag Deiner Wahl bringt der **Croque Express** direkt zu Dir nach Hause. Tel. 0521/176011.
www.croque-bielefeld.de

Bielefeld

Tipp: Um Dir einen Überblick über das Bielefelder Bringdienst-Angebot zu verschaffen und rauszufinden, wer was wohin liefert und vor allem wie das Essen schmeckt, schau doch mal bei einem dieser Portale vorbei:

www.pizza.de
www.lieferando.de
www.lieferheld.de

Direkt bestellen kannst Du hier auch!

Essen unterwegs

Hunger? Hunger?

Restaurant Fast Food
Döner
Speisekarte Pizza
Fast Food
Döner Restaura

Bielefeld steht als ostwestfälische Stadt vielleicht nicht im Verdacht, ein Mekka der Sterneküchen zu sein. Aber auch der Ostwestfale mag es gesellig und wenn's lecker schmeckt. Und ab und zu darf es eben auch etwas exklusiver sein. In Bielefeld findest Du deshalb eine große Vielfalt an Restaurants, die zum Teil mit studentenfreundlichen Angeboten locken, teilweise aber auch zur Edelgastronomie zählen. Da kommt es dann darauf an, was zu Deinem Geldbeutel und dem Anlass passt. Manchmal geht es aber nicht um Anlass, Ambiente oder Sitzkomfort, sondern schlicht um jede Sekunde ...

Schnell und auf die Hand

Egal, ob Shoppingtour, Museumstrip oder nächtliches Party-Hopping, auf eines ist Verlass: Irgendwann überfällt Dich das Hungergefühl. Die Lösung für dieses Problem liegt im wahrsten Sinne des Wortes auf der Hand. Vor allem in der Innenstadt stehen die Chancen gut für Dich und Deinen knurrenden Magen. Schnell zubereitetes und günstiges Essen für unterwegs gibt es in Bielefeld in allen Formen und Konsistenzen:

Wie so ziemlich jede andere Großstadt auch bietet Bielefeld Döner an allen Ecken. Da heißt es: Instinkt beweisen! Am besten machst Du Deine persönliche Feldstudie und probierst einige mal durch – Deinen absoluten Lieblingsdöner findest Du dabei garantiert. Willst Du es aber auf die ganz schnelle Tour, probier es mal bei einer der folgenden Adressen:

Döner & Co.

Geschmacklich kann den Köchen vom **Ay Grill** (Bahnhofstr. 61) niemand etwas vormachen. Hier schlemmst Du im kleinen, aber feinen Imbiss am Bahnhof. Und wer scharf bestellt, der kriegt auch scharf!

Die türkisch-stämmigen Bielefelder schwören auf die Küche des **Ada** (Herforder Str. 33). Das kann nur als gutes Zeichen gewertet werden. Nichts wie hin und guten Appetit!

Das **Yol** (Mercatorstr. 13-15) ist ein großes, türkisches Restaurant, zentral gelegen, und gerade in den Abendstunden gerne gerappelt voll. Hier musst Du warten – aber es lohnt sich! Neben dem wirklich köstlichen Döner (mitnehmen oder vor Ort essen) gibt es leckere Fischgerichte, eine große Auswahl an kleinen Vorspeisen und im Winter geht nichts über eine der angebotenen Suppen.
www.yol-restaurant.de

Auch das **Park Restaurant** (Herbert-Hinnendahl-Str. 17-19) bietet köstliche türkische Küche. Sehr nahe am Bahnhof gelegen, ist es die ideale Anlaufstation, bevor Du den Heimweg antrittst. Idealerweise gibt es alle Speisen zum Mitnehmen. Achtung: Die Gegend ist nicht die schönste, dafür lohnt sich aber der Weg.
www.parkrestaurantbielefeld.de

Pizza & Co.

Die beste Pizza zum kleinsten Preis gibt es in der **Pizzeria Piccola** (Bahnhofstr. 27a). Hungrige Menschen stehen hier leider schon Schlange, bevor die Bleche überhaupt aus dem Ofen kommen. Die Pizza zum Mitnehmen (und selber Aufbacken – auch das geht) ist so beliebt, dass sie manchmal sogar vergriffen ist! Für einen Zwischensnack in der Stadt auf jeden Fall die Top-Adresse.

Der Lärmpegel am Jahnplatz sollte Dich von einem Besuch des **Pizza Blues** (Jahnplatz 2) nicht abhalten. Der italienische Imbiss hat Pizza und Pasta zum günstigen Kurs auf der Karte und auch für Salate haben die stets gut gelaunten Jungs von Pizza Blues ein gutes Händchen.

Die Pizzeria **Feuer & Stein** (Bahnhofstr. 47a) liegt, klein und gemütlich, zwischen Bahnhof und Haupteinkaufsstraße. Ideal, wenn man abseits des großen Trubels einen kurzen Imbiss zu sich nehmen will.

Asiatisch

Nudeln oder Reis, Curry oder süßsaure Soße – Asiatisch geht immer, ist außerdem blitzschnell zubereitet und bringt zumindest etwas Exotik in den Alltag.

Superschnell geht es bei **Let's Wok** (Klasingstr. 2b): Für ein paar Euronen kann man hier zwischen gebratenen Nudeln mit oder ohne Hühnerfleisch wählen – frisches Gemüse ist natürlich auch dabei. Serviert wird in der typisch praktischen China-Pappbox und dazu stehen verschiedene Soßen bereit. Besonders zum Mitnehmen geeignet. www.letswok.de

Ebenso flott wirst Du im **China To Go** (Jahnplatz 1) versorgt. Hier ist die Auswahl wesentlich größer. Sieht von außen zwar nicht so ansprechend aus, hat innen aber frische Leckereien zu bieten! Durch die unmittelbare Nähe zur Stadtbahn und zum Busbahnhof als Zwischenstopp gerne genommen.

Currywurst & Pommes

Wie meinte Diether Krebs noch im gleichnamigen Lied? „Kommste vonne Schicht, wat Schönret gibbet nich als wie Currywurst". Die Wahrheit kann eben manchmal erschreckend simpel sein. Also dann: Ran an die Forken, fertig, losgabelln!

Bei vielen Bielefeldern beliebt ist das **Bratwurstrondell** am Jahnplatz. Hier ist immer was los, denn hier gibt es die wohl beste Currywurst in ganz Bielefeld. Auch wenn Du Bockwurst oder Krakauer

//82 Essen unterwegs

Hunger
Fast Food

Speisekarte
Essen

bevorzugst, hier kommt Qualität vom Grill. Das besondere Special: die extra scharfe Currywurst mit Peperoni.

Curry Paul (Osningstr. 476, direkt vor dem Hauptbahnhof) trägt etwas weniger dick auf und verkauft ehrliche und schlichte Currywurst. Die kommt direkt vom Rostgrill und schmeckt einfach gut.

> **NOTIZEN**
>
> Dank **Fischfeinkost Heidbrink** (Am Bach 16) gibt's auch in Bielefeld mal ein Fischbrötchen zwischen die Kiemen. Außerdem findest Du hier alles Fischige für den eigenen Kochbedarf.
> www.fischfeinkost-heidbrink.de

Mittagspause

... an der Uni

Das Seminar ist zu Ende, das Kapitel in der UB fertig gelesen, und da grummelt auch schon der leere Magen vor sich hin. Das Naheliegende ist ein Sprung rüber in die Mensa in der Universitätsstraße. Da triffst Du mit Sicherheit auf bekannte Gesichter und der Geldbeutel wird auch geschont. Wenn Du Dich vorab informieren möchtest, was die Mensa zu bieten hat – hier gibt's die Liste mit den Menüs der Woche: www.studentenwerkbielefeld.de --> Speiseplan

Die normale Mensa der Universität (Uni-Hauptgebäude) kann nur mit einer so genannten Mensa-Karte, die alle Studierenden bekommen, besucht werden. Tröste Dich, wenn Du keine hast, denn hier ist nicht unbedingt alles immer Haute Cuisine. Immerhin gibt es täglich aber drei Menüs zur Wahl (eines davon vegetarisch oder sogar vegan) und einen Eintopf bzw. ein Tellergericht. Wenn irgendwie gar nichts davon in Frage kommt, ist die Salatbar einen Abstecher wert.

Das Wichtigste vorweg: Um im Bielefelder **Westend** (Uni-Hauptgebäude) zu speisen, muss man kein Student sein. Gezahlt wird hier

mit Bargeld. Das Westend bietet nicht nur sehr günstig Tagesgerichte an. Eine große Salatbar und eine Grillstation, an der Du Dir aussuchen kannst, was dann für Dich auf den Grill geworfen wird, sind zusätzliche Pluspunkte. Gut gegen Langeweile, falls Du beim Essen mal keine Gesellschaft haben solltest: Man kann von hier aus direkt ins Hallenbad der Uni schauen. Für den kleinen Karibik-Törn zwischen zwei Seminaren eignet sich die Westend-Poolbar.
www.studentenwerkbielefeld.de

--> Speiseplan
--> Westend-Restaurant

Die **FH-Mensa** (Wilhelm-Bertelsmann-Str.) liegt nur 15 Minuten vom Hauptgebäude der Universität entfernt. Auch hier zahlt man mit Bargeld und kann gut und günstig essen. Die Auszubildenden-Küche wartet mit täglich wechselnden Gerichten auf und serviert auch den einen oder anderen Gaumenschmaus. Besonders empfehlenswert: das reichhaltige Buffet. Hat man sich für ein Tagesgericht entschieden, wählt man selbst drei Beilagen (jede weitere gibt's zum Aufpreis) und stellt sich so sein Menü aus einem Angebot zusammen, das sich wirklich sehen lassen kann. Essen in der FH? Definitiv das Beste, was man dem Studentenmagen antun kann.

Das **Univarza** (Universitätsstr. 25) ist ein echtes Restaurant, dementsprechend wird Dein Geldbeutel hier auch etwas stärker strapaziert. Aber die Gerichte im Univarza sind durchweg zu empfehlen. Deswegen und aufgrund des edleren Ambientes eignet sich das Restaurant auch für offiziellere Meetings.
www.restaurant-bielefeld.de

Allgemein gilt es, in der Universität die Augen offen zu halten. Neben einem kleinen Supermarkt, einer großen Cafeteria (die ebenfalls warme Menüs anbietet!), einem Bäcker und einem Döner- und Pizzastand gibt es auch an den kleinen Kaffeeständen belegte Brötchen und Kuchen. Gezahlt werden kann hier überall mit Bargeld. Für den kleinen Hunger empfiehlt sich übrigens ganz besonders der kleine Salat aus der Cafeteria mit leckerem Dressing.

Ein Spaziergang in Richtung des nahegelegenen Einkaufszentrums **Bültmannshof** (Carl-Von-Ossietzky-Str. 1A), etwa sieben bis zehn Minuten zu Fuß von der Uni entfernt, bietet Dir nicht nur die Möglichkeit, kurz die Beine zu vertreten. Die nette kleine **Pizzeria Italia**, der griechische Imbiss **Uni Grill Athen** und das **Eiscafé Roma**, die Du hier findest, sind allemal gut für Abwechslung am Gaumen. Mit der Beute fläzt es sich am besten auf dem Grün des angrenzenden Parks mit Seeblick. Für Bielefelder Verhältnisse schon fast eine Oase. www.pizzeria-italia-bielefeld.de

... in der Arndtstraße

Der Kopf raucht, der Magen knurrt. Es ist definitiv Zeit für eine Pause. Gehörst Du zu den Glücklichen, für die ein kurzer Abstecher in die Innenstadt kein Problem darstellt, ist die Arndtstraße immer ein guter Tipp. Neben dem Wok- und Burgerspezialisten vom **Wobu** (Arndtstr. 8) und dem **Mellow Gold** (Karl-Eilers-Str. 22) gibt es das Restaurant **Yol** (Mercatorstr. 13), das mit seiner umfangreichen Speisekarte rund um die türkische Küche beeindruckt. Herrlich ita-

lienisch lässt es sich im **Terra Nuova** (Arndtstr. 4) speisen. Bei gutem Wetter sitzt man hier draußen besonders gemütlich.
www.wobu-food.de   www.yol-restaurant.de

Das Restaurant mit dem schönen Namen **Nichtschwimmer** (Arndtstr. 6-8) bietet für Studenten 20 % Rabatt auf alle Speisen. Und falls die Mittagspause doch mal deutlich länger dauert: 30 % Rabatt auf alle Cocktails ab 21.00 Uhr.

Das **Plaza** (Arndtstr. 7) glänzt dagegen mit seinen tollen Salaten und Suppen sowie günstigen Mittags-Menüs für alle.
www.ich-bin-nichtschwimmer.de   www.plaza-bielefeld.de

... noch mehr Mittagstisch

Eine Adresse für richtig guten Fisch haben wir natürlich nicht vergessen. Die **Bielefelder Fischgaststätte** (Jahnplatz 6) punktet mit großer Speisekarte, einer Vielfalt an Gerichten und allerhand frischen Salaten. Gerade mittags einen Abstecher wert.
www.bielefelder-fischgaststaette.de

Wer die Mittagspause mit einem wichtigen Meeting verbinden möchte oder muss, der ist im **Numa** (Obernstr. 26) genau richtig. Hier verwöhnen asiatische und mediterrane Speisen Deinen Gaumen! Auf der Speisekarte findest Du Gerichte, die dann so hübsch dekoriert und liebevoll angerichtet sind, dass sie schon fürs Auge absolute Leckerbissen sind. Küche mit Stil, Fantasie und tollem Preis-Leistungs-Verhältnis! Außerdem legt das Numa großen Wert auf die Qualität und die einwandfreie Herkunft der verwendeten Produkte. www.numa.de

Auch die Mittagskarte des **Gusto** (Gehrenberg 31) ist absolut empfehlenswert. Das Motto hier lautet: „Orient trifft auf Tapas". Klingt nicht nur originell, schmeckt auch richtig gut!
www.gusto-bielefeld.de

Suppen & Eintöpfe

Das **Verve** (Klosterplatz 13) hat eine ziemlich spannende Speisekarte vorzuweisen. Neben abenteuerlichen Gerichten wie der Knödel-Trilogie und Fish & Chips sollten vor allem die Eintöpfe dem Gaumentest unterzogen werden. Besonders schmackhaft ist die Linsensuppe mit Mettenden.

Deine-Eisb@r.de (Ritterstr. 6) entpuppt sich bei genauerer Betrachtung auch als Heißbar. Mit dem Anliegen, möglichst Fair-Trade-Produkte und Lebensmittel aus biologischem Anbau zu verwenden, liegt sie gerade voll im Trend. Hier gibt es köstliches Eis und dampfende Suppen aus eigener Herstellung. Ein Blick auf die Speisekarte lässt schnell erkennen: Auch an den Veganer-Magen wird gedacht! Außerdem organisiert die Eisb@r jede Menge Veranstaltungen, wie z.B. Stammtische, Tanzkurse und Radtouren. Wer sich nach dem Speisen zum Verbleib entscheidet, sollte den Biokaffee kosten. www.deine-eisbar.de

Abend? Essen!

Wenn der (Feier-)Abend sich nähert und es allmählich dunkel wird, braut sich erfahrungsgemäß auch in Deinem Magen etwas zusammen. Schließlich will Dein Körper nach der vielen Arbeit (oder Freizeit, je nachdem ...) etwas Energie wiederbekommen. Weil selber kochen dann viel zu anstrengend ist, heißt es: Essen gehen! Damit Du bei der Wahl des passenden Restaurants nicht auch noch zu viel Energie verlierst, haben wir uns für Dich – ganz selbstlos, versteht sich – durchs kulinarische Bielefeld gefuttert:

Typisch ostwestfälisch

Pickert ist wohl das typischste Gericht in Ostwestfalen überhaupt und war früher ein Arme-Leute-Essen. Du kannst Dir verschiedene Varianten schmecken lassen. Geriebene Kartoffeln gehören immer dazu, außerdem Wasser, Hefe, Mehl und Eier. Obendrauf kommt dann wahlweise Mus, Kompott, Marmelade, Rübensirup oder eben Leberwurst. Solltest Du Dir nicht entgehen lassen.

Wer den original westfälischen Pickert probieren möchte, bekommt ihn bei **Peter auf dem Berge** (Bergstr. 45) in verschiedenen Variationen: süß mit Konfitüre aber natürlich auch traditionell mit Leberwurst. www.peter-aufm-berge.de

Im **Restaurant Sparrenburg** (Am Sparrenberg 38a) kannst Du einfach mal dezent nach den „Westfölskes" fragen. Dahinter verbergen sich deftige Gerichte nach westfälischer Art. Das Restaurant an der Sparrenburg ist übrigens sehr geübt in Sachen Erlebnisgastronomie. Entweder

Du fahndest bei einem Krimi-Dinner nach dem Mörder oder Du gönnst Dir das Vergnügen, im Rahmen eines veritablen Gelages nach ritterlicher Art in Gesellschaft die bloßen Hände zum Essen zu benutzen. Und das ist noch lange nicht alles …
www.restaurant-sparrenburg.de

Im **Alt Bielefeld** (Obernstr. 12) besteht die Möglichkeit, sich eine westfälische Bauernsülze einzuverleiben. Hast Du das hinter Dich gebracht, darfst Du Dich endgültig als vollwertigen Bürger der Stadt betrachten. Die Köche des Alt Bielefeld verstehen es, sehr deftig zu brutzeln. Der Fisch ist hier übrigens auch nicht zu verachten. www.alt-bielefeld.com

Studentisch

Das **Casa** (Karl-Eilers-Str. 12) ist die Studentenkneipe schlechthin in Bielefelds Innenstadt. Hier trifft man sich zum Quatschen und Vorglühen. Das Essen gibt's zum Studententarif und der gemütliche Hinterhof (als Winter- und Biergarten genutzt) genießt mittlerweile Kultstatus in der Stadt. Unschlagbar ist auch das superleckere Frühstück vom Buffet (immer mittwochs für 6,90 Euro). Abends ist das Casa übrigens ein guter Anlaufpunkt für diejenigen, die sich für Sportübertragungen begeistern. Dank der guten Aufteilung der Räumlichkeiten treten die Sportverrückten den anderen Gästen aber nicht auf die Füße. www.casa-bielefeld.de

Einmal um die ganze Welt … in Bielefeld

American Style

Im nach amerikanischem Vorbild gestalteten **Diner** (Boulevard 3) speist man Burger und gönnt sich einen der schmackhaften Milchshakes. Das Ganze natürlich stilecht im 60er-Jahre-Look mit Rock 'n' Roll-Musik aus der Jukebox! www.pasha-bielefeld.de/diner

Argentinisch

Im **Argentina** (Niederwall 47) isst Du das vermutlich beste Steak der Stadt oder auch einen Zwiebel-Burger, ein Chili con Carne oder ein Cordon Bleu. Vegetarier können im Argentina auch zufrieden satt werden – beispielsweise mit einer kapitalen Papa Asada (gebackene Kartoffel mit Sauerrahm) und einem Salat vom Buffet, das sich (ganz sicher) gewaschen hat ...
www.bielefeld.argentina-steakhouse.de

Im **La Pampa** (Boulevard 4) gibt es neben argentinischen Steaks auch eine große Auswahl an Tapas. www.lapampa-steakhouse.de

Der Name **Bon Filet** (Jöllenbeckerstr. 171) lässt schon erahnen, was Du hier schwerpunktmäßig auf der Speisekarte findest. Putenmedaillons, Schweinefilet und T-Bone-Steaks! Fisch gibt's auch und Vegetarier werden ebenfalls fündig. Im Sommer empfiehlt sich der Biergarten. Und wenn Du mit Essen fertig bist, kannst Du Deine neu erworbenen Pfunde auf der Kegelbahn im Haus gleich wieder loswerden – das wirkt zwar weniger argentinisch, aber was soll's?
www.bon-filet.de

Chinesisch

Unter den Wok-Profis ist das **Wok & Roll** (Boulevard 5) ein guter alter Bekannter. Hier lässt es sich wunderbar schlemmen. Dienstags kannst Du für knapp 11 Euro über ein reichhaltiges All-you-can-eat-Buffet herfallen, inkl. Vorspeisen und lecker Nachtisch. Außerdem kannst Du Dir aus dem Angebot ein Menü zusammenstellen, eine Soße wählen und das ganze vom Wok-Master fertig brutzeln lassen. www.wokandroll.de

Im Herzen Bielefelds, gegenüber von Rathaus und Theater befindet sich das China-Restaurant **Kaiserpalast** (Niederwall 12), wo es sich wirklich kaiserlich speisen lässt. Serviert werden Dir abwechslungsreiche, chinesische Gerichte aus den verschiedenen Provinzen. Ob Heißes aus dem Feuertopf, eine exquisite Peking-Ente oder ein Überraschungsmenü namens „Panda", „Tiger" oder „Drache" – hier ist für jeden etwas dabei! Und wenn Du mal ein bisschen aufs Essen warten musst, kannst Du Dein Wissensspektrum erweitern, indem Du aus der Speisekarte lernst, dass Auberginen Fieber senken, Bambussprossen entschlacken und Datteln gegen Eisenmangel helfen. www.kaiserpalast-bielefeld.de

$E = m \times c^2$

Relativ zentral liegt auch das chinesische Restaurant **Xi Hu** (Heeper Str. 156), in dem Du Gerichte mit abenteuerlichen Namen wie „Acht Schätze im Mini-Wok", „Mongolenrast" oder „Chinesischer Blütentraum" probieren kannst, ohne Deinen Geldbeutel übermäßig zu strapazieren. www.xi-hu.de

Känguru- oder Straußenfleisch gefällig? Oder vielleicht was vom Haifisch auf den Teller? Dann sitzt Du wohl am besten am chinesisch-mongolischen Buffet bei **Ming Liu** (Obernstr. 44). Die große Auswahl und das nicht ganz alltägliche Angebot haben es in sich und ermöglichen einige gewagte Experimente. Mittags kostet das Buffet 6,90 Euro, am Abend und an Sonntagen etwa das Doppelte – dafür wird auch wesentlich mehr geboten. À la carte bestellen kannst Du auch. Nettes Extra: Die Auswahl an chinesischen Schnäpsen. www.mingliu-restaurant.de

Französisch

Im **Bonne Auberge** (An der Stiftskirche 10) trifft mediterrane Küche auf westfälische Gemütlichkeit. Und der Biergarten mit Blick auf die Stiftskirche ist im Sommer auch sehr einladend! www.bonne-auberge-web.de

Griechisch

In **Christos Restaurant** (Otto-Brenner-Str. 81) ist „Freue Dich und trinke!" auf einem antiken, griechischen Gefäß zu lesen. Da wirst Du Dich nicht unnötig lange bitten lassen, oder? Damit der Ouzo Dir aber nicht zu schnell zu Kopf steigt, probier am besten auch gleich eines der leckeren Gerichte wie Tsatsiki, Tarama, Moussaka oder Souflaki – kali orexi!

Fisch, Lamm, Schweinernes und Vegetarisches hält das **Almani** (Twellbachtal 166) für Dich bereit. Und auf der Homepage erfährst Du, gegen welche Wehwehchen Ouzo helfen kann und warum Singles Mückenstiche lieber großzügig in Kauf nehmen sollten, wenn sie nicht länger allein bleiben wollen ... Im Sommer hast Du drin nix verloren und gehörst stattdessen auf die Terrasse! www.almani.de

Restaurant Kreta (Goldstr. 10) – so muss ein griechisches Restaurant heißen, oder? Hier kannst Du in rustikaler Atmosphäre schlemmen wie eine griechische Gottheit, im Sommer auch gerne draußen. Fischplatte, Moussaka, Krautsalat und Metaxa-Filet – hier bekommst Du alles, wonach Dein hellenisches Herz sich sehnt. Mittagsmenü geht übrigens auch! www.kretabielefeld.npage.de

Das **KDW** (Wertherstr. 58) hat eine gehobene Küche und ein tolles Ambiente zu bieten. Es demonstriert eindrucksvoll die Vielfältigkeit der griechischen Küche – allein die Vorspeisen kann man als Feuerwerk der Balkan-Kochkunst bezeichnen. Probier mal eines der exquisiten Lammgerichte! Und auch wenn die Auflösung des ominösen Kürzels (Kaffee des Westens) es nicht vermuten lässt, so handelt es sich beim KDW doch um das beste griechische Restaurant Bielefelds.

Indisch

Läuft Dir bei den folgenden Begriffen zufällig das Wasser im Munde zusammen: Lammspieße, Teigtaschen, Chicken Tikka Masala, Chutney, Pakora und Mango-Lassi? Dann steht Dir der Sinn vermutlich gerade nach indischem Essen. Wie wäre es mit einer köstlichen Spezialität aus dem Tandoori-Ofen im **Kohinoor** (Neustädter Str. 25)? Dringend zu empfehlen, aber bring ein bisschen Zeit mit, der Laden ist oft voll.

Italienisch

Trattoria – ristorante da franco (Niederwall 37), das heißt Vitello tonnato, Ravioli, Pizza und zum Nachtisch ein Tiramisu – fast wie Urlaub in Italien und trotzdem mitten in Bielefeld. Und wie wir das vom Urlaub kennen: nicht wirklich günstig. Lohnt sich aber, vor allem, wenn Du mittags kommst. Da sind die Gerichte nämlich etwas billiger als abends. www.latrattoria-bielefeld.de

Das **Allegro Habichtshöhe** (Bodelschwinghstr. 79) verfügt über eine exquisite Auswahl an italienischen Gerichten, die dem Rhythmus der Jahreszeiten angepasst werden. Auch die Atmosphäre kannst Du beim Besuch entsprechend anpassen: im Sommer lockt die Terrasse, im Winter der Platz in der Nähe des offenen Kamins. Nur die Preise sind ganzjährig gleichbleibend gehoben!
www.habichtshoehe.de

Sehr mediterran geht's auch im **Puccini's** (Boulevard 4) zu. Vom Antipasti-Teller bis zum Tiramisu kannst Du Dich dort durch die italienischen Köstlichkeiten durcharbeiten. www.puccinis-bielefeld.de

Japanisch

Essen vom Fließband gibt es im **Tokyo Running Sushi** (Zimmerstr. 10-14). Ein Besuch dort macht einfach Laune. Du sitzt und wartest, bis das passende Häppchen an Dir vorbeitrudelt. Kannst Du Dich beim ersten Mal nicht entscheiden, wartest Du einfach auf die zweite Runde. Da lässt man sich auch gerne mal etwas mehr Zeit.

Tipp 1: Such Dir einen Tisch, der nicht am Ende des Fließbandes steht.
Tipp 2: Gähnende Leere? Dann solltest Du auf einen Besuch verzichten, denn aus der Küche wird kaum frischer Nachschub geliefert.
Tipp 3. Abends ist die Auswahl wesentlich reichhaltiger als am Nachmittag.

Für Freunde von rohem Fisch und exklusiverem Sushi ist die Sushibar im **noodles** (Hagenbruchstr. 3) eine gute Adresse. Hier wird im edlen Ambiente ein hervorragendes und hochwertiges Sushi auf den Teller gezaubert. Das macht sich natürlich auch beim Preis bemerkbar. Wer es wirklich authentisch fernöstlich will, bestellt sich ein japanisches Bier dazu! www.noodles-bielefeld.de

Kado ist japanisch und heißt so viel wie „äußere Ecke". Bei einem Besuch des **Kado-Sushi** (Arndtstr. 10) wird auch ganz schnell klar, was der Name soll: Hierbei handelt es sich um ein gemütliches kleines Eckrestaurant. Angeboten wird Sushi in jeder erdenklichen Form, auch als Menü. Wer selber lernen möchte Sushi zuzubereiten oder sich für eine Reisweinverkostung interessiert, ist hier ebenfalls an der richtigen Adresse. www.kado-sushi.de

Kappadokisch

Das **Kuyu** (Welle 10) ist nach einer der unterirdischen Städte Kappadokiens benannt: „Derinkuyu" bedeutet so viel wie „tiefer Brunnen". Und tief wird auch der kulinarische Eindruck sein, den die Gerichte bei Dir hinterlassen. Die kappadokische Küche ist von vielen Kulturen

beeinflusst und einfach köstlich! Besonders empfehlenswert sind die Gerichte im traditionellen Tontopf. Alle Speisen gibt es auch zum Mitnehmen – dann aber ohne Tontopf ...
www.restaurant-kuyu.de

Mexikanisch

Das mexikanische Restaurant **Peppers** (Niederwall 31) liegt ganz nahe an der Stadtbahn-Station Rathaus, die von jeder Linie angefahren wird. 2012 frisch aufpoliert und umgebaut wird Dir hier solide mexikanische Küche geboten – ergänzt mit Burgern, Steaks & Co. www.peppers-bielefeld.de

Orientalische Küche

Du willst Dich einen Abend lang fühlen wie ein Protagonist aus einem arabischen Märchen? Dann bist Du im **Café l'arabesque** (August-Bebel-Str. 117) genau richtig! Speisen aus dem Maghreb und dem Orient wie z.B. Hummus (Paste aus Kichererbsen, Knoblauch, Sesam, Olivenöl und vielen Gewürzen), Baba Ghanoush (Püree aus Auberginen und Sesampaste) oder Falafel kannst Du Dir hier schmecken lassen.

Aber damit nicht genug: Wenn Du Deine WG in eine Oase verwandeln möchtest, bekommst Du hier z.B. tolle handgemachte Lampen und Laternen. Und für die außergewöhnliche Fete in Deiner Bude kannst Du den passenden Partyservice nebst original arabischem Bauchtanz buchen! www.cafe-larabesque.de

Spanisch

Las Tapas (Arndtstr. 7) öffnet am späteren Nachmittag seine Tore und bringt dann – wie der Name schon verrät – seine wunderbaren Tapas unter die Leute. Aber auch eine gute Paella serviert man Dir hier. www.las-tapas-bielefeld.de

Thailändisch

Im **Raya Thai** Restaurant (Kreuzstr. 2) schwingt eine ehemalige Chef-Köchin des Hilton-Hotels zu Bangkok die Pfannen – wow! Begleitet von thailändischer Musik kannst Du zwischen Kokosmilch-Suppen, Fleisch-Spießen, gebratenem Reis mit gemischtem Gemüse, Fisch mit Chili und süß-saurer Soße und vielen weiteren Gerichten wählen. Das Raya Thai hat auch einen Party- und einen Lieferservice. www.raya-thai.de

Das **Lana Thai** (Heeper Str. 64) ist eines der beliebtesten thailändischen Restaurants im gesamten Bielefelder Raum. Die Küche leistet Unglaubliches und geizt außerdem nicht mit Schärfe. Es ist also Vorsicht geboten, aber auf Wunsch wird Dir auch eine entschärfte Version des Gerichts Deiner Wahl gereicht. Das kleine Restaurant ist darüber hinaus supergemütlich und Gastfreundschaft wird hier ganz groß geschrieben. Einer der jungen Klassiker in Bielefeld. www.lana-thai.de

Für gutes Essen lohnt sich auch mal eine Reise nach Herford: Im **KAO THAI** (Gänsemarkt 1 in Herford) wird nach Vorbild der traditionellen Garküchen gekocht, die in Thailand überall zu finden sind, und vor denen gut, schnell und unkompliziert gegessen werden kann. Die Wahl fällt schwer – Frühlingsrollen, Wan Tan-Suppen, verschiedene Fleischgerichte mit Duftreis und jede Menge frisch zubereitetes Gemüse – es ist einfach alles köstlich! Kannst Du auch für Deine Party zu Hause buchen! www.kaothai.de

Wenn's mal was Besonderes sein soll

Ob nun romantisches Date oder feierlicher Anlass – manchmal muss es einfach etwas Besonderes sein und darf auch gerne mal etwas mehr kosten. In den folgenden Restaurants ist ein gelungener und schmackhafter Abend garantiert:

Für romantische Anlässe ist das **Tomatissimo** die perfekte Adresse (Am Tie 15). Es ist zwar etwas außerhalb gelegen, dafür ist die Location aber ganz schön prächtig (das Zauberwort lautet hier „großes Kaminzimmer"!). Zubereitet wird im Tomatissimo leichte, aber anspruchsvolle mediterrane Küche mit ausgesprochener Liebe zum Detail. Man lässt hier zwar den ein oder anderen Euro, aber das ist das ausgezeichnete Essen dann auch wert. www.tomatissimo.de

Das **Bernstein** (Niederwall 2) lohnt sich immer. Hier isst und trinkst Du über den Dächern der Stadt. Dank der großen Sonnenterrasse fühlst Du Dich in etwa 25 Meter Höhe dem Himmel ganz nahe. Dafür sorgen auch die kreativen Speisen und Cocktails. Sehr beliebt für den Morgen danach ist auch das reichhaltige Frühstücksbuffet für 9 Euro (ohne Heißgetränke), denn hier gibt es wirklich alles, worauf man zum Frühstück Lust haben könnte.
www.bernstein-live.de

Wenn Deine Eltern bzw. andere Sponsoren Dir einen Fuffi (oder mehr) zugesteckt haben, kannst Du ihn mal wagen, den Weg ins **Glückundseligkeit** (Artur-Ladebeck-Str. 57). Das war früher eine Kirche und wurde dann in ein Restaurant verwandelt. Die Symbiose aus kirchlicher Baukunst, moderner Innenarchitektur und durchdefinierter Beleuchtung in Kombination mit der dort erhältlichen gehobenen Küche führt zu einem einmaligen Gastro-Erlebnis. Wer in Qualität und Ambiente investieren will, landet hier einen Volltreffer. www.glueckundseligkeit.de

Feine Küche, modernes Ambiente, Gerichte aus der Region sowie ein umgebauter Bauernhof aus dem Jahr 1802. Das sind die wichtigsten Eckdaten des Restaurants **Bültmannshof** (Kurt-Schuhmacher-Str. 17a). Nicht zu vergessen: ein Park direkt vor der

Haustür für den romantischen Spaziergang nach dem Essen. Extra Vorteil für studentische Romanzen: Die Wohnheime am Campus sind zu Fuß nur fünf Minuten entfernt. www.bültmannshof.de

Temperamentvoll geht es im brasilianischen Restaurant **Rodizio** (Herforder Str. 26-28) zu. Besonders Fleischesser kommen hier auf ihre Kosten. Um einen möglichst breit gefächerten Eindruck brasilianischer Küche zu bekommen, empfehlen wir Dir das „All you can eat"-Menü. Das Fleisch wird am Tisch direkt vom Spieß auf den Teller geschnitten. www.rodizio-bielefeld.de

Wobu (Arndstr. 8) steht für „Wok & Burger" und wie der Name es schon andeutet, findest Du ein sehr spezielles Restaurant vor. Wen der Slogan „for food people – fast casual – healthy style" bereits abschreckt, setzt besser keinen Fuß in das durchgestylte Restaurant. Burger und Wokgerichte ohne künstliche Zusatzstoffe und Aromen? Klar! Dafür musst Du allerdings den ein oder anderen Euro mehr hinlegen. Geschmacklich aber punktet das Wobu auf ganzer Linie. Das Essen wird auf dem Lava-Grill zubereitet und lässt dann alle Geschmacksknospen auf Deiner Zunge erblühen! Unbedingt zu empfehlen ist der Thunfisch-Burger. Als Nachtisch dann ein Frozen Yogurt. www.wobu-food.de

Das **1001 Nacht** (Webereistr. 12) ist ein arabisches Restaurant mit hohem Wohlfühlfaktor und schnuckeliger orientalischer Einrichtung. Nach dem Essen empfiehlt sich ein arabischer Mocca oder ein schwarzer Tee nach ägyptischer Art.

Mediterrane und maghrebinische Gerichte sind beim Restaurant **fabrikart** (Münzstr. 5) auf der Speisekarte zu finden. Falls der Anlass eine große Gästeliste erfordert: Das fabrikart kannst Du auch für eine ausgefallene Party buchen. www.fabrikart-bielefeld.de

Kaffee
endlich
Cappuccino

Durst? Durst? Durst?
Durst?

Bier Bier Bier Bier
Wein Wein Wein Bie Wein
Kaffee Bier
Cappuccino Cappuccino
appuccin Durst
endlich Kaffee Wein
K
Cappuccino Kaffee
Wein Bier

//100 Durst? — Bier Wasser Wein Trinken Gesellichkeit

Egal, ob warm, kalt, bunt, klar, süß oder herb – wenn Du mit Freunden etwas trinken gehen willst, solltest Du über ein Repertoire an Adressen verfügen, das für jeden Geschmack etwas bereithält. Eine ganze Reihe von Lokalitäten, unter denen Du bestimmt die Stammkneipe oder das Lieblingscafé für Dich findest, gibt es natürlich auch in Bielefeld.

Heißgetränk gefällig?

Was wäre das Leben ohne Kaffee? Für manch einen ist ohne den Milchkaffee am Morgen, den Espresso nach dem Mittagessen oder den Cappuccino am Nachmittag der Tag gar nicht vorstellbar. Kaffee hat eben nicht nur unterschiedlichste Geschmacksrichtungen und die ultimative Hebelwirkung für müde Augenlider, auch der gesellige Aspekt des Kaffeeschlürfens kann gar nicht hoch genug bewertet werden. Deshalb ist es auch wichtig zu wissen, wo sich der nächste Koffein-Tempel befindet – für die Eiligen soll's der Kaffee zum Mitnehmen sein, für den, der ein bisschen mehr Zeit hat, eher das Treffen mit Freunden in einem gemütlichen Café.

Der Kaffee für unterwegs

Verschiedene Bäckereien bieten einen anständigen Coffee to go an. Der echte Kaffee-Gourmet muss hier vielleicht geschmacklich ein paar Abstriche machen, aber ein Gehkaffee (mit einem leckeren Croissant dazu) kann Dir durchaus den Tag versüßen. Eine besonders große und frische Auswahl an Backwaren haben z.B. die Bäckereien **Lechtermann**, **Siebrecht**,

Bürenkemper und Pollmeier, die alle mehrere Filialen in Bielefeld betreiben. www.baeckerei-lechtermann.de www.siebrecht.de www.baeckerei-pollmeier.de www.baeckerei-buerenkemper.de

Einen richtig guten Kaffee für unterwegs bekommst Du auch im **Coffee Store** (Obernstr. 2) am Alten Markt. Besonders bei gutem Wetter lädt das direkt in der Altstadt gelegene Café zum längeren Verweilen ein. Neben diversen Kaffee-Spezialitäten gibt es hier außerdem hervorragenden hausgemachten Eistee und frische Bagels. Wer etwas mehr Zeit mitbringt, kann sich beim Kaffeeschlürfen zurücklehnen, das Treiben in der Bielefelder Altstadt beobachten oder sich in den ausgelegten Zeitungen über das Tagesgeschehen informieren. www.coffee-store.de

Im **Brezel-Shop** (Bahnhofstr. 28), der kleinen Laugenbäckerei in der City-Passage, spielt der Koffein-Trunk zwar nur eine Nebenrolle, ist aber trotzdem nicht zu verachten. Die Hauptattraktionen sind hier eindeutig die leckeren, frisch gebackenen Brezeln, Laugensemmeln und anderen Spezialitäten aus dem Ofen, deren Duft Dich schon von Weitem magisch anzieht. www.citypassage-bielefeld.de

--> Gastronomie -->Brezel-Shop

Ein Käffchen und dazu einen leckeren Donut? Alles kein Problem dank **Dooly's** (Jahnplatz 11) im Forum Jahnplatz-Passage. Hier hast Du eine große Auswahl an Donuts mit diversen Glasuren und Füllungen zum günstigen Preis.

Gemütliches Käffchen

Wer es gerne eine Runde schicker hat, wird sich in der **Espresso Bar Classico** (Stresemannstr. 3, ebenfalls in der City-Passage) pudelwohl fühlen. Das kleine Café eignet sich hervorragend für ein Kaffeepäuschen in stilvollem Ambiente. www.classico-espressobar.de

//102 Durst?   Bier Wein Trinken
Wasser
Gesselligkeit

Ein weiteres Highlight ist das **Café Meyerbeer** (Bahnhofstr. 1), das sich in der 1. Etage der Buchhandlung Thalia verbirgt. Mit Blick auf den Jahnplatz kann man hier locker ein paar Stündchen verbringen. Du triffst Dich entweder zum Plausch, blätterst in einer der vielen Zeitungen oder verfolgst das Treiben in der City. Zum Kaffee (die Auswahl ist riesig!) sind besonders die Muffins zu empfehlen, die nicht nur gut schmecken, sondern auch ziemlich günstig sind. Jede Woche ist zudem eine Kaffee-Spezialität im Angebot – und richtig freundlich bedient wirst Du hier außerdem.
www.meyerbeer-coffee.de

Als echter Geheimtipp geht das **Moccaklatsch** (Arndtstr. 11) wohl leider nicht mehr durch. Das kleine Café begeistert aber mit einer tollen Atmosphäre, die nicht zuletzt durch die eigenwillige Einrichtung und den freundlichen Service geschaffen wird. Das Geheimnis des Moccaklatsch lässt sich nur schwer in Worte fassen: Man kommt, fühlt sich sofort wohl und die Entspannung setzt augenblicklich ein – ein seltenes Qualitätsmerkmal. Hier bekommst Du nicht nur ein gutes Frühstück zu Deinem Kaffee, auch diverse Tapas oder Nudelgerichte kannst Du Dir schmecken lassen – und das zu fairen Preisen. www.moccaklatsch.de

Du hast es gerne etwas kultivierter? Dann lohnt sich ein Abstecher ins **Schäfers** (Artur-Ladebeck-Str. 5), dem Café in der Kunsthalle. Im Sommer solltest Du Deinen Kaffee unbedingt auf der großen Terrasse trinken, wo Du einen herrlichen Blick auf den Skulpturengarten der Kunsthalle hast. Aber auch die Inneneinrichtung kann sich sehen lassen – ein Besuch des

Schäfers ist also nicht nur bei gutem Wetter anzuraten. Das tolle Frühstücks-Angebot und die dort regelmäßig stattfindenden musikalischen und literarischen Events runden den guten Eindruck ab. Weitere Infos findest Du hier: www.schaeferscafe.de

Richtig kuschelige Atmosphäre bietet das **Café Schlösschen** (Niederwall 44 A). Die Verniedlichungsform im Namen hat das winzige Café auch redlich verdient. Am Abend mutiert das Schlösschen dann zur Kneipe – nicht nur dank des wunderschönen Biergartens. www.cafe-schloesschen.jimdo.com

KaffeeKunst Ratscafé (Niederwall 12). Das Traditions-Café (since 1954) ist etwas für echte Kaffeeliebhaber. Über 160 Kaffeesorten und Variationen stehen hier zur Auswahl. Die große Glaskuppel ist zudem ein echter Hingucker. www.ratscafe.de

Trendige Kaffeesorten und süße Kleinigkeiten kredenzt das **M Kaffee** (Gehrenberg 7-9) in angenehmer Lounge-Atmosphäre. Es gehört definitiv zu den Lieblingsorten der urbanen Koffein-Jünger. Perfekt für einen Nachmittag mit guten Freunden. www.mkaffee.de

Lecker und gesund

Wenn Du Dir den Energieschub mal nicht mithilfe von Kaffee verabreichen willst, findest Du inmitten der City-Passage eine kleine Frucht-Oase. Das Team vom **Vitaminchen** bereitet Dir aus heimischen und exotischen Früchten eine ganze Reihe von leckeren Säften frisch zu. Je nach Jahreszeit kannst Du Dir den köstlich schmeckenden Vitaminschub zur Vorbeugung gegen die winterliche Erkäl-

tung oder auch zur fruchtigen Erfrischung im Sommer verabreichen. Der kultige „Saftladen" hat außerdem eine Salatbar und auch die Wraps und Quarkspeisen, die Du dort bekommst, sind nicht zu verachten. www.citypassage-bielefeld.de --> Gastronomie
--> Obstgarten/Vitaminc[

Wein

Der Weingott Bacchus hat es mit Bielefeld gut gemeint. Das möchte man aufgrund der relativ hohen Brauereidichte in der Gegend auf den ersten Blick nicht glauben, aber nicht selten sind die Weinlokale nicht nur stilsicher und edel, sondern auch mehrfach ausgezeichnet.

Die **Weinbar 3A** (Oberntorwall 3A) ist einfach bezaubernd. Die Mischung aus ausgesuchten Weinen, kunstvoller Einrichtung und größtenteils mediterranen Speisen ist ein absoluter Volltreffer. Das Motto der Weinbar lautet „Wohlfühlen, Schmecken und Erleben" und wird optimal umgesetzt. Nicht umsonst findet man das 3A auch in einigen bekannten Gourmet-Führern.
www.weinbar3a.de

Die Vorzüge von Bistro und Weinbar vereint das **Callisto** (Notpfortenstr. 8). Es ist zwar nicht besonders groß, aber während Dir ein guter Tropfen serviert wird, kannst Du das schöne mediterrane Flair auf Dich wirken und Dich in Urlaubsstimmung versetzen lassen. Da schmeckt der Wein gleich doppelt so gut.
www.callisto-restaurant.de

Ein Besuch in der **Wein und Tapas Bar Jivino** (Obernstr. 51) ist ein bisschen wie das Eintauchen in eine andere Welt. Verborgen in einem gemütlichen Seitengässchen, befindet sich die Enoteca in Bielefelds ältestem Bürgerhaus. Eine sehr große Auswahl an spanischen, italienischen und deutschen Weinen wird hier zu exquisiten Speisen gereicht. Neugierige Zeitgenossen sollten die Besitzer bei einem Besuch nach der Geschichte des Gebäudes fragen, die ist absolut hörenswert! www.jivino-enoteca.de

Im **GUI** (Gehrenberg 8) hat man sich auf die gehobene mediterrane Küche und griechische Weine spezialisiert. Auch die große offene Küche ist ein echter Hingucker.

Die **Taverne** (Johannisstr. 11a) ist ein wahrer Geheimtipp. Wer schon immer mal stilvoll einen edlen Roten am offenen Kamin zu sich nehmen wollte, wird sich hier wohlfühlen. Dazu gibt es regelmäßig wechselnde, kulinarisch anspruchsvolle Gerichte auf der Tageskarte. Als echter Weinliebhaber solltest Du Dir eine der regelmäßig in der Taverne veranstalteten Weinproben nicht entgehen lassen. Frühzeitige Reservierung empfiehlt sich!
www.wein-taverne.com

Bier

Bier wird in Bielefeld gerne getrunken, wie Du an der großen Auswahl an Gerstensaft-Oasen erkennen kannst. Entscheiden musst Du Dich bloß, ob es laut bis schrill, oder eher klein und gemütlich zugehen soll.

Das **Irish Pub** (Mauerstr. 38) ist nicht nur bekannt für sein gutes Bier. In der Regel bekommt man ein komplettes Event-Paket gleich mit oben drauf: Von der Quiz Night über den U2-Abend bis hin zur Karaoke-Show und dem Sport-Sonntag (mit Live-Übertragungen)

wird so einiges geboten. Am Wochenende sind außerdem DJ-Sets keine Seltenheit. Und damit nicht genug – auch die Pizza ist empfehlenswert. Ach ja, und wurde schon erwähnt, dass man hier als Biertrinker sehr gut aufgehoben ist? www.irishpub-bielefeld.de

Wer die hohe Braukunst live erleben möchte, ist im **Brauhaus Johannes Albrecht** (Hagenbruchstr. 8) genau richtig – hier kannst Du zuschauen, wie die unterschiedlichen Bierspezialitäten entstehen. Für Bielefelder Verhältnisse geht es verblüffend bayrisch-deftig zu. Von der warmen Brezel bis zur Haxe ist alles auf der Speisekarte vertreten, was sich wohl der Münchner auf den Teller wünschen würde. Aber auch die „Brauhaus-Tapas" sind sehr lecker. Die kleinen Köstlichkeiten eignen sich perfekt für einen langen, geselligen Brauhaus-Abend. www.brauhaus-joh-albrecht.de

Direkt gegenüber der „Orangenkiste" (großes Studentenwohnheim) befindet sich die **Wunderbar** (Arndstr. 21), ein in jeder Hinsicht stimmungsvoller Ort, an dem Du neben dem Bier aus der Region auch ein Kölsch trinken kannst. Besonders am Wochenende ist es hier so rappelvoll, dass die Party auf den Gehweg verlagert werden muss. Sympathisch, oder? www.wunderbar-bielefeld.de

Einen Steinwurf von der Wunderbar entfernt liegt das bei Studenten beliebte **Café Berlin** (Große-Kurfürsten-Str. 65). Eine helle und freundliche Location, die sich nicht nur für das entspannte Frühstück, sondern auch zum Abschalten nach einem anstrengenden Arbeitstag oder zum Vorglühen am Abend gut eignet – und das Ganze zu moderaten Preisen. www.cafe-berlin.de

Für manche ist das **Plan B** (Friedrichstr. 65) schon fast eine Spur zu alternativ. Nicht nur als Freund gekonnter Rockmusik wirst Du den Abend hier genießen, auch als passionierter Kicker-Spieler kommst Du voll auf Deine Kosten: Montags findet der inzwischen kultige Kicker-Tag statt, an dem Du Dich nach Herzenslust ausbolzen darfst, ohne dafür etwas berappen zu müssen. Das gute Naturtrübe vom Fass kann dabei Deine Trefferquote erhöhen. Etwas gewöhnungsbedürftig ist allerdings das Mobiliar (sofern es denn diesen Namen verdient) – aber überzeuge Dich einfach selbst!

Das besondere Eckkneipenflair kannst Du im **Milestones** (August-Bebel-Str. 94) erleben. Hier ist es etwas eng, aber spätestens nach ein paar Bierchen wirst Du Dich daran gewöhnt haben. Besonders bei Studenten ist diese Kneipe beliebt. www.cafe-milestones.de

Rock Cafés erfreuen sich ja landesweit einer gewissen Beliebtheit und auch in Bielefeld findest Du eines dieser Exemplare, das **Rockcafé Bielefeld** (Neustädter Str. 25). Von montags bis donnerstags gibt es verschiedene Aktionspreise, außerdem trifft man sich hier gerne zum Kickern oder Billard spielen. Und das dunkle, irische Bier gibt's hier auch. www.rockcafe-bielefeld.com

Das **Dakota** (Klasingstr. 23) ist eine Kneipe mit einladendem Biergarten und Kota (finnische Grillhütte), in der Du bei schlechtem Wetter Dein Bier und Dich selbst in Sicherheit bringen kannst. Viele schwören auf die guten Weine hier. Und die Weinkarte gibt ihnen Recht. Bekannt ist das Dakota auch für seine günstigen Pizzen.

Brauereien in der Umgebung

Wer definitiv auf Bier schwört, hat auch die Möglichkeit, direkt an die Quelle zu pilgern. Gleich mehrere Brauereien befinden sich in direkter Umgebung zu Bielefeld und können besichtigt werden. Besonders in der Gruppe wird man hier sehr gerne gesehen und eine Verkostung macht in geselliger Runde ja auch gleich noch viel mehr Spaß.

Etwa 16 Kilometer sind es zur **Bierbrauerei Herford** (Gebr.-Uekermann-Str. 1, 32120 Hiddenhausen). Kleine Alliteration gefällig? Herrliches Herforder! In Ostwestfalen weiß man eben, wie Werbung funktioniert. Das kurzhalsige Kultbier aus Bielefelds Nachbarstadt ist auf jeden Fall eines der Biere, auf das man sich als Neuling einstellen muss.

Jeden Mittwoch und Donnerstag gibt es Führungen für Einzelpersonen inklusive Verkostung. Wer es schafft, zu einem Termin 49 Freunde um sich zu versammeln, kann sich zudem für eine Sonderführung (montags und dienstags) anmelden, bei der man die Herforder Bierspezialitäten natürlich auch probieren darf. Eine Voranmeldung ist aber auf jeden Fall nötig. Für das Vergnügen musst Du zwischen 5 und 8 Euro einkalkulieren. www.herforder.de

Warsteiner Pils gehört zu den großen, bekannten, deutschen Bieren. Dementsprechend ist auch die Besichtigung der **Warsteiner Brauerei** (Domring 4-10, 59581 Warstein) ein mit modernstem Multimedia-Schnickschnack unterfüttertes Ereignis, bei dem man sich in einem Panoramabus über das Brauerei-Gelände kutschieren

lässt und zum Preis von 8 Euro (für Erwachsene) noch eine wohldosierte Verkostung genießen darf. Wer sich dann immer noch nicht loseisen kann, dem steht außerdem ein großer Biergarten zur Verfügung. Echte Bierfreunde nehmen die ca. 100 Kilometer, die Warstein von Bielefeld trennen, für das Gebotene gerne in Kauf. www.warsteiner.de

Und noch ein Geheimtipp: Das Detmolder Bier ist das, was beim Öffnen so schön ploppt. Die **Privatbrauerei Strate Detmold** (Palaisstr. 1-13, 32756 Detmold) ist der „zweitgrößte Bügelverschlussflaschenabfüller Deutschlands" (Wer es schafft, dieses Wort dreimal schnell hintereinander aufzusagen, bekommt vermutlich direkt eine Festanstellung).

Abgesehen davon ist das Brauerei-Gebäude schon allein aufgrund seiner Architektur (neogotisch) einen Besuch wert. Die Führungen finden von März bis Oktober nach vorheriger Anmeldung und zu einem Preis von 15 Euro statt. www.brauerei-strate.de

Cocktails

Das **3Eck** (Ritterstr. 21) ist eine der Adressen, die man sich unbedingt merken sollte. Die umfangreiche Cocktail-Karte und die vielen Angebote (Studenten zahlen z.B. jeden Tag einen Sonderpreis) sind nur zwei der vielen Gründe, die für einen Besuch im 3Eck sprechen. Am Wochenende (Freitag und Samstag) ist für alle Besucher Happy Hour. Aber nicht nur um die bunten, mit Sonnenschirmchen verzierten Getränke dort zu genießen solltest Du hingehen, der montägliche Pasta-Tag und der stadtbekannte Pizza-Tag am Diens-

//110 Durst   **Bier** Wein Trinken
Wasser
Geselligkeit

tag sind den Besuch allemal wert. Einen Tisch solltest Du dafür vorbestellen. www.3eck-bielefeld.de

Direkt an zwei Kinos gelegen, ist das **New Orleans** (Feilenstr. 31) der „place to be" zur genussreichen Vor- oder Nachbereitung eines Kinoabends. Die guten Cocktails sind im wahrsten Sinne des Wortes in aller Munde. Auf der Website kannst Du bereits vor dem Besuch einen Blick auf die riesige Getränke-Auswahl werfen. Die Küche ist übrigens – wie der Name schon verrät - (süd)-amerikanisch. www.new-orleans-bielefeld.de

In der **Westside Lounge** (Arndtstr. 18a) pflegt man ein stilvolles Ambiente. Von 17.30 bis 19.30 Uhr kosten alle Cocktails nur 4,50 Euro und garantieren so den perfekten Start in den Abend. Solltest Du auch noch ein kleines Hungergefühl verspüren – in der Westside Lounge bekommst Du neben leckeren Wok-Gerichten auch Pizza und Pasta. www.westsidelounge-bielefeld.de

Das **New World** (Ritterstr. 22) ist direkt an der Süsterkirche gelegen und, etwas abseits der Haupteinkaufsstraße, eine gute Adresse für eine Cocktailpause. Besonders im Sommer punktet es mit gemütlicher Außen-Gastronomie. Außerdem finden hier regelmäßig speed-datings statt. Bei dieser Veranstaltung sitzen sich sieben bis zehn Männer und Frauen gegenüber. Ihr habt sieben Minuten Zeit um herauszufinden, ob sich ein Wiedersehen lohnt, oder ob es doch eher der nette Typ nebendran sein soll...
www.speeddating.de   --> Veranstaltungen --> Bielefeld

Falls Du Dich fragst, was unter Deinen Füßen so knackt: Es sind die Erdnussschalen, die im **Mexim's** (Ostwestfalenplatz 2) nicht selten den ganzen Boden bedecken. Daran solltest Du Dich aber nicht stören, denn die Cocktail-Happy Hour des mexikanischen Restaurants hat es in sich. Dienstags gibt es ganztägig alle Cocktails zum unschlagbaren Preis von 3,50 Euro. Freitags und samstags startet die Happy Hour ab 23.00 Uhr. Perfekt also zur Einstimmung für alle Partygänger. www.mexims-bielefeld.de

Durch die moderne Einrichtung und die heimelige Beleuchtung stimmt es sich im **Edelweiss** (Boulevard 1) besonders gut auf eine lange Nacht ein. Auch einen anständigen Cocktail bekommst Du hier. Jeden Mittwoch zwischen 18.00 und 22.00 Uhr lautet das Motto des Abends „Kitchen-Club". Zu diesem Anlass kannst Du Dich an einem reichhaltigen Pasta-Buffet bedienen. www.edelweiss-bielefeld.de

Viel Latin und Salsa zum Cocktail gibt's im **Mojito's** (Oberntorwall 15) zu hören. In der „einzigen Cocktail-Tanzbar in Bielefeld" geht es bis in die frühen Morgenstunden heiß her. Diverse Motto-Partys sorgen da für beste Stimmung und das angemessene Ambiente. www.mojitos-bielefeld.de

Auch die Mischgetränke im **Sausalitos** (Klosterplatz 9) sind es wert, mal einen Abstecher dorthin zu machen. Zur Riesenauswahl kommt noch ein unschlagbares Angebot: Täglich gibt es zum „Mega-Auftakt" jeden Jumbo-Cocktail zum halben Preis (von 17.00 – 18.00 Uhr). Zur Happy Hour (18.00 – 20.00 Uhr) bekommst Du auch alle anderen Cocktails für die Hälfte. Falls Du lang genug durchhältst oder zu denen gehörst, die gerne spät ausgehen: Ab 23.00 Uhr werden beim „Geilen Finale" nochmal alle Jumbo-Cocktails für die Hälfte angeboten. www.sausalitos.de

Grillen
Biergarten
Biergarten

Badesee
Eis Badesee
Badesee
Grillen

Sommer!

Es ist Sommer!

Sommer! *endlich*

Kicken

Kicken

Grillen Grillen

Badesee **Grillen**

Badesee **Biergarten** Grillen Grille

endlich

Biergarten

//114 Es ist Sommer!   Sonne   **Grillen**   Baden
Eis
Kicken

Wenn die Sonne endlich durch den Wolkenhimmel bricht, füllen sich die Straßen urplötzlich mit schwatzenden Bielefeldern. Ein klares Indiz dafür, dass nun endlich der heißersehnte Sommer da ist.

Wer seine Zeit gerne im Freien verbringt, hat Glück, denn Bielefeld ist – auch wenn man es nicht glauben mag – voller Naherholungsgebiete und bietet so manche versteckte Möglichkeit, sich die Sommermonate im Grünen zu vertreiben. Stilecht ist das natürlich nur, wenn Du dabei eine kühle Zunge bewahrst:

Ein Eis bitte!

Wenn Du Wert auf natürliches Eis ohne chemische Zusätze legst, dann bist Du bei **Deine Eisb@r** (Ritterstr. 6) goldrichtig! Insgesamt bietet diese Eisdiele sechs verschiedene Sorten an – klingt nicht viel, ist es aber! Denn dank „pick and mix"-Verfahren, kannst Du Dich voll ausleben: Obst, Flakes, Streusel, Saucen und Sirups, Du hast die freie Wahl, wovon wie viel in Deinen (recycle- oder essbaren) Becher kommt. Und veganes Eis bekommst Du hier auch! Für eine Eisdiele eher ungewöhnlich: Der Preis wird nach Gewicht berechnet. Zusätzlich zu den eisigen Köstlichkeiten geht es hier außerdem heiß her, denn die Bar hat auch Suppen im Angebot.
www.deine-eisbar.de

Im Eiscafé **La Piazza** (Rathausstr. 1) sitzt Du wirklich direkt an der Piazza des mercato vecchio, des Alten Markts also. Das historische Ambiente der Altstadt macht das Eisschlecken zum besonderen Genuss. Es gibt Eisbecher bei La Piazza, natürlich aber auch ganz traditionell die Kugeln in der Waffel oder im kleinen Pappbecher zum Mitnehmen. So kannst Du Dich entweder zu nachmittäglicher Stunde auf den Treppen des Theaters am Alten Markt niederlassen und dort die Sonne genießen oder direkt vom Café aus die Menschen beobachten, die sich durch die Stadt bewegen, während Du vollkommen entspannt Dein Eis genießt.

Du wohnst in Uni-Nähe? Dann liegt die Eisdiele **Roma** (Jakob-Kaiser-Str.1) direkt bei Dir um die Ecke. Der freundliche Italiener hat fast immer sein köstliches Tiramisu im Angebot – auch im Winter. Besonders, wenn Du noch nie weißes Schokoladen-Eis gegessen hast, ist die Eisdiele einen Besuch wert. Tipp: Im Sommer nimmst Du das gefrorene Glück am besten direkt auf die Hand und schlenderst gen Park.

Eisfreunde kommen auch in Heepen auf ihre Kosten. Wer vorher wissen will, auf was er sich einlässt, kann die Karte auf der Internetseite des **Eiscafé Venezia** (Hillegosser Str. 12) bewundern. Seit 35 Jahren befindet sich der Betrieb bereits in Familienhand. Und dass die Inhaber wissen, was sie tun, schmeckst Du auch.
www.eiscafe-bielefeld.de

Im Eiscafé **Culisse** (Niederwall 12) gibt's eine kleine Auswahl an Sorten, die allerdings in umso größeren Kugeln daherkommen. Nach erfolgreicher Wahl kannst Du Dein Eis mit Blick auf den Leineweber und die Altstädter Nicolaikirche verspeisen.

Ein weiteres Wahrzeichen der Stadt Bielefeld und mit den typischen Insignien Pfeife, Knotenstock und Holster das Sinnbild des Bielefelder Gewerbefleißes.

Mitten in Gellershagen, in der kleinen Eisdiele **Dolomiti** (Hägerweg 19), gibt's leckeres Eis in der Waffel und im Becher zu studentenfreundlichen Preisen. Hauptsächlich zum Mitnehmen, denn Außensitzplätze sind kaum vorhanden. Dann also Eis auf die Hand und eine Runde drehen!

In einem Hinterhof in Mitte liegt das **Garten Eis Café** (Teutoburger Str. 45), schräg gegenüber vom Städtischen Krankenhaus. Im Gartenambiente kannst Du dem Alltagsstress und dem Stadtlärm für eine Eisbecherlänge und einen Espresso entfliehen. Der unschlagbare Preis von 40 Cent für eine kleine Kugel ist auch für das studentische Portemonnaie attraktiv. Was Du im Garten in die Waffel kriegst, ist übrigens garantiert selbstgemacht.

Mit den vielen verschiedenen Fruchteis-Sorten werden auch Veganer froh. Und die außergewöhnlichen Kreationen wie „Bielefella" oder „Pfeffer-Milse" musst auch Du unbedingt mal probieren! Augen auf beim Weg zum Eiscafé, denn der Eingang ist unauffällig.
www.garten-eis-cafe.de

Rein ins kühle Nass!

Kopfüber in den Obersee? Leider ist dieses Vergnügen verboten. Zunächst liegt das daran, dass die Wasserqualität des Sees nicht regelmäßig geprüft wird. Außerdem war das Gebiet um den Obernsee von Anfang an als stilles Erholungsgebiet geplant. Inzwischen gibt es hier auch einige seltene, unter Naturschutz stehende Vogelarten, wie zum Beispiel den Haubentaucher, die die Umgestaltung erschweren.

Auf der anderen Seite des Viadukts wird möglicherweise ein weiterer See, der so genannte Untersee, angelegt, der dann auch für Tretboote, Badegäste und Wassersport geöffnet werden soll. Darüber berät die Stadt allerdings schon seit dem Jahr 1982. Bis es dann vielleicht eines Tages so weit ist, bleiben Dir zur Abkühlung nur die Bielefelder Freibäder. Aber was heißt hier nur!

Jedes Freibad in der Ostwestfalen-Metropole glänzt durch eine Spezialität. Das Schöne dabei: Der Eintrittspreis ist überall gleich (Einzelticket für Erwachsene 4 Euro, Studenten und Schüler 1,80 Euro). Die Freibäder, die über einen Förderverein verfügen, bieten zusätzlich meist besondere Angebote für Mitglieder, außerdem darfst Du als Mitglied das ganze Jahr umsonst plantschen. Und so selten wie Du im Leben etwas geschenkt bekommst, hast Du doch in den Bielefelder Freibädern tatsächlich mal Glück: An Deinem Geburtstag kommst Du bei vorgelegtem Perso nämlich für umme rein!

Wiesenbad (Werner-Bock-Str. 34): Ungewöhnlich, aber wahr, mitten im Bielefelder Zentrum befindet sich das Wiesen(frei)bad. Den Namen trägt das Schwimmbad nicht ohne Grund, denn hier findest Du große Spiel- und Liegeflächen, auf denen es an sommerlichen Sonntagen trotz des vielen Platzes auch mal kuscheliger werden kann. Wenn Du leidenschaftlicher Turmspringer bist, hast Du hier die Möglichkeit, Dich auf den 10-Meter-Turm zu wagen; ist Rutschen eher Deine Passion, darfst Du auf stolzen 110 Metern Deiner Leidenschaft frönen. Und wenn's mal etwas kühl ist, wärm' Dich doch einfach im Whirlpool auf!

Wasser ist zwar Dein Element, aber Schwimmen findest Du langweilig? Auch dafür gibt es eine Lösung: Von 11.00 bis 11.45 Uhr montags und mittwochs für schlappe zwei Euro einfach zusätzlich an der Wassergymnastik teilnehmen.

Senner Waldbad (Am Waldbad 74): 50-Meter-Bahnen sind für Dich das Mindeste? Dann ab ins Senner Waldbad! Auf gleich acht Bahnen kannst Du Dich hier beim Wassersport auspowern. Auch im Senner Waldbad gibt es einen Sprungturm. Aus bis zu fünf Metern Höhe stürzt Du Dich ins kühle Nass und kannst danach ordentlich Sonne tanken. Das Waldbad hat seinen Namen übrigens zu Recht: Es liegt wunderschön von Bäumen umgeben.

Freibad Jöllenbeck (Naturstadion 12b): Ganz oben im Norden liegt das durch den Förderverein unterstützte Freibad Jöllenbeck. Das Becken wird mit Solarenergie geheizt und der Umkleidebereich ist besonders komfortabel. Im 50-Meter-Mehrzweckbecken gibt es auch einen Nichtschwimmer- und einen separaten Sprungbereich, in dem Du Dich vom Einer oder Dreier schwingen kannst. Nach vollbrachter Tat ruhst Du Dich am besten im Strandkorb aus und nutzt die Sonnenenergie für die eigene Haut.

Weitere Infos zu Wiesenbad, Senner Waldbad und Freibad Jöllenbeck findest Du auf den Webseiten der Bielefelder Bäder und Freizeit GmbH: www.bbf-online.de

Freibad Dornberg (Forellenweg 8): Das Freibad unweit der Uni ist besonders für Kinder der Hit. Die Kleinen sind nicht ganz so schnell aus dem Blickfeld verschwunden wie im großen Wiesenbad im Zentrum. Und das überschaubarere Bad bietet einen Kinderspielplatz mit Matschzone. Auch die 50-Meter-Wasserrutsche ist ein Highlight für plantschende Dreikäsehochs. Und wenn die Kleinen anfangen zu quengeln, lohnt sich ein Besuch des Kiosks, denn da gibt es Leckeres für den hungrigen Kindermagen. Aber auch ohne Kids lässt es sich hier gut einen Nachmittag verbringen und seine Wasser-Runden drehen. So richtig gedrängt voll ist es nur selten.
www.freibad-dornberg.de

Naturbad Brackwede (Osnabrücker Str. 63a): Natur pur gibt's im Naturbad in Brackwede. Das chlorfreie Schwimmbad ist mit Quellwasser aus der Lutter angereichert. Neben einem Sportbereich gibt es auch einen Wasserspielplatz für die Kleinen. Durch den aufgeschütteten Sand mit Strandkörben kommst Du Dir erfreulicherweise ein bisschen wie im Nordsee-Urlaub vor. Der einzige Ort in Bielefeld übrigens, wo Natur-Bade-Gefühl aufkommt.
www.naturbad-brackwede.de

Freibad Gadderbaum (Im Holschebruch 7): Im Freibad Gadderbaum können sich Kinder auf 130 Quadratmetern Plantschbecken verausgaben. Und auch der Spielbereich ist für Familien besonders attraktiv. Die Größeren wurden natürlich nicht vergessen und haben hier die Möglichkeit, sich beim Beachvolleyball zu amüsieren oder aus fünf Metern Höhe in die Fluten zu hüpfen. Unterstützt wird auch dieses Bad durch einen Förderverein.
www.freibad-gadderbaum.de

Freibad Hillegossen (Oelkerstr. 24): Das kleine Schwimmbad mitten in Hillegossen hat ohne Zweifel seine Vorzüge. Anders als bei der großen Schwester in der Innenstadt, sind die Parkplätze hier kostenlos und direkt vor der Tür. Und wer auch bei schlechtem Wetter das Wasser nicht scheut, hat mindestens zwei bis drei Stunden (Montag bis Freitag 17.00 bis 19.00 Uhr, Samstag und Sonntag 13.00 bis 16.00 Uhr) pro Tag die Möglichkeit, hier seine Bahnen zu ziehen. www.freibad-hillegossen.de

Freibad Schröttinghausen (Campingstr. 20): Klein, ruhig und familiär ist das Freibad in Schröttinghausen. Mittwochs darfst Du sogar bis 21.00 Uhr auf der 50-Meter-Bahn Deine Runden drehen, im

Strandkorb relaxen oder mit den Kleinen unterm Sonnensegel im Kinderbecken plantschen. Auch dieses Freibad wird mit Hilfe von Geldern eines Fördervereins gestützt. Wer Mitglied im Förderverein ist, darf in Schröttinghausen auch beim Frühschwimmen, Wasserball und Aqua-Jogging mitmachen. Für alle anderen heißt es dann: Draußen bleiben. www.freibad-schroettinghausen.de

Chillen und grillen

Du liebst den Geruch von Gegrilltem? Hast aber selbst keinen Platz oder darfst vielleicht auf dem Balkon oder im Garten nicht grillen? Lass Dich nicht von der Trauer übermannen, denn in Bielefeld gibt es in jedem Stadtbezirk (außer in Gadderbaum) öffentlich ausgewiesene Grillplätze. Mitgebracht werden muss der Grill aber in den meisten Fällen, lediglich in Senne und Sennestadt kann gegen Pfand und eine geringe Gebühr eine Grillhütte mit Sitzbänken gemietet werden. Dort ist dann aber auch eine Anmeldung erforderlich. Hier die öffentlichen Grillplätze für Dich nach Stadtteilen geordnet im Überblick:

Brackwede: Der Grillplatz liegt direkt am Südring bzw. der B68 zwischen den Eisenbahnbrücken auf der Ikea-Seite.

Dornberg: Wer Kinder hat oder gerne Fußball spielt, darf sich am Dornberger Grillplatz (Hasbachtal) über die Nähe zu einem Bolz- und Spielplatz freuen. Über die Deppendorfer Straße geht's am besten dorthin.

Heepen: In Heepen gibt's gleich zwei Möglichkeiten. Im Grünzug

© Raphael Rohe (www.rohe-design.de) / pixelio.de

„Sieben Teiche", im Stadtteil Brake, der an der Glückstädter Straße liegt, darfst Du ohne Bedenken und Anmeldung Deinen Grill auf den ausgewiesenen Flächen aufbauen. Über den „Spannbrink" erreichst Du den Grillplatz auf den Naherholungsflächen in Oldentrup, die direkt am Stieghorster Bach liegen.

Jöllenbeck: An der ehemaligen Kleinbahntrasse am Oberlohmannshof ist das Grillen auf der speziell ausgezeichneten Fläche erlaubt. Am besten erreichst Du den Platz über die Imsiekstraße oder direkt über den Oberlohmannshof.

Mitte: Auch die Bewohner von Mitte dürfen sich über zwei Grillplätze freuen. Dort, wo der Zaunkönigweg und die Hofstraße aufeinander treffen und Mühlenbach und Baderbach sich trennen, liegt Grillplatz Nummer 1. Der zweite Grillplatz in Mitte befindet sich etwas weiter außerhalb am Ententeich in der Straße „Heeper Fichten". Wer öfter mal austreten muss, braucht nicht, wie bei anderen Grillplätzen in Bielefeld, lange zu suchen, denn auf dem Parkplatz befinden sich seit kurzem Toilettenkabinen.

Schildesche: Im Grünzug zwischen der Westerfeldstraße und der Straße „Am Johannisbach" (der Bach fließt übrigens unmittelbar am Grillplatz vorbei) dürfen Grillbegeisterte die Würstchen auf die Holzkohle loslassen.

Senne: Auch die Bewohner der Senne haben es gut getroffen, denn hier gibt es ebenfalls zwei Grillplätze. An der Osningstraße in der Nähe des Wanderparkplatzes „Togdrang" befindet sich am Ende des Waldes einer, der für größere Gruppen geeignet ist. Wer es sich

//122 Es ist Sommer!

Grillen Sonne **Baden** **Eis** **Kicken**

beim Grillen lieber etwas gemütlicher machen will, kann sich beim Bezirksamt Senne für die Grillhütte „Am Waldbad" anmelden, die Platz für 10 bis 15 Personen bietet, oder vorab über die aktuellen Kosten informieren. Tel. 0521/515512

Sennestadt: Auch in Sennestadt, im Grüngelände an der Trave, zwischen Hallenbad und Sporthalle, gibt es die Möglichkeit, eine Grillhütte zu mieten. Diese ist etwas größer als in der Senne und kann 15 bis 20 Personen beherbergen. Wer die Hütte mietet, darf die etwa 100 Meter entfernte Toilettenanlage der Sporthalle Nord mitnutzen. Über Kosten und freie Termine erteilt man Dir montags bis freitags von 8.00 bis 12.00 Uhr beim Bezirksamt Sennestadt Auskunft. Tel. 0521/515-648 oder -645

Stieghorst: Der Grillplatz in Stieghorst liegt im Grünstreifen hinter dem Freizeitzentrum an der Glatzer Straße 13-21. Auch hier muss zusätzlich zum Grillgut ein Grill eingepackt werden.

Noch unentschieden, wo es hingehen soll? Dann kannst Du Dir auf den Webseiten der Stadt Bielefeld noch einmal die genauen Standorte der Grillplätze anzeigen lassen. Auch wenn es einigen nicht gerade geschmackvoll vorkommen mag, den Tierfriedhof und die Grillplätze unter einem Navigationspunkt zusammenzufassen ... Oder ist das ein verstecktes Statement der Stadt für mehr Tofu-Würstchen? www.bielefeld.de

--> Umwelt-Natur-Klima --> Grünanlagen/Tierfried
--> Öffentliche Grillplätze

Picknick

Du bist ein Picknicker? Bielefeld ist voll von Grünflächen, die Du als Picknick-Fan gerne mit Deiner Decke besetzen darfst. Im **Nordpark** zwischen Wallenbrücker- und Bünderstraße, im **Bürgerpark**, den Du am einfachsten von der Stapenhorststraße erreichst, und im **Ravensberger Park**, direkt an der Heeper Straße, triffst Du garantiert auf die ein oder andere Gruppe mit Picknickkorb.

In den Parks kannst Du Dich mit vollgeschlagenem Bauch auch beim (Ultimate) Frisbee, Federball, Fußball oder mit der Slackline auslassen. Besitzt Du selbst keines der benötigten Sportgeräte, findest Du bestimmt jemanden, der Dich mitspielen lässt. Kontakte knüpfen kannst Du in den Parks jedenfalls schnell. Nach dem Essen ruhst Du Dich lieber aus? Auch kein Problem, denn am Nachmittag sind die Wiesen sonnig und Du kannst Deinen Teint für den Sommerurlaub vorbräunen.

Wenn Du aber ein Einzelgänger bist oder einen Platz für ein romantisches Picknick suchst, dann sollte in Deinen Rotkäppchenkorb zusätzlich zum Kuchen noch Käse und Wein. Damit musst Du dann nur noch vor Sonnenuntergang die **Sparrenburg** besteigen und Dich unterhalb der Burg mit Blick auf die Stadt niederlassen. Der Sicherheitsdienst dreht auch erst nach Einbruch der Dunkelheit seine Runde und verscheucht die letzten Turteltäubchen.

An Spätsommernachmittagen ist die **Apfelbaumwiese** im Grünstreifen oberhalb der Kurt-Schumacher-Straße zu empfehlen. Über die Ludwig-Beck-Straße gelangst Du direkt auf den Park-Weg. Dann einfach nur noch rechts halten und zu Deiner Linken erscheint die Apfelbaumwiese. Meint die Gunst des Schicksals es gut mit Dir, dann fällt Dir vielleicht eine frische Frucht in den Schoß!

Auch im **Botanischen Garten** (Am Kahlenberg 16) kannst Du ein Bank-Picknick einlegen und Insekten, Pflanzen oder Besucher beobachten. www.freunde-bot-bi.de

//124 Es ist Sommer!

Sonne **Grillen** Baden
Eis
Kicken

Spiel & Spaß

Immer nur in der Sonne liegen, das ist dann doch zu wenig für den Sommer. Vor allem, wenn sie eben – wider Erwarten natürlich – mal nicht so kräftig scheinen sollte. Zum Glück gibt's dann ja jede Menge Ablenkung:

König Fußball

Gekickt wird in Bielefeld viel und häufig. Auch wenn die lokale Fußballmannschaft Arminia Bielefeld eine sehr abwechslungsreiche Karriere macht, hält das die kleineren Mannschaften nicht davon ab, ebenfalls auf den schwarz-weißen Ball einzutreten. Informationen rund um das Thema Fußball in Bielefeld und der Region findest Du übersichtlich zusammengestellt auf: www.fussball-owl.de

Fußball ist Dir zu kommerziell? Ganz falsch: **Die Wilde Liga** organisiert sich seit über 30 Jahren selbst. Es wird häufig auf den Freiflächen direkt an der Radrennbahn (Heeper Str.) trainiert. Nach dem Winter bringen die Mitglieder der Wilden Liga den Platz selbst wieder in Schuss und entfernen Laub und Müll. Wer nicht mithilft, muss Strafe zahlen! Die Teams tragen übrigens bierernste Namen wie LSDA (Laufen soll'n die Andern) oder Balladasdarayn. Da findest sicher auch Du das Team, das zu Dir (und Deinen Ambitionen) passt.

www.nw-news.de --> Sport --> Wilde_Liga

Des Weiteren gibt es in Bielefeld zahlreiche Asche-, Kunstrasen- und Rasenplätze. Für diese gilt: Was nicht eingezäunt oder abgesperrt ist, darf genutzt werden. Abgesperrte Plätze im Freien vergibt das Sportamt der Stadt. Der Platz ist so auf

Wenn Du kein Mitglied des Sportbundes bist, erfährst Du die Preise für Plätze in Deinem Stadtteil hier:

HEEPEN: Frau Klemp
Tel. 0521/516270

MITTE, SCHILDESCHE, STIEGHORST: Herr Ströter,
Tel. 0521/512923

ANDERE BEZIRKE: Frau Jurczyk,
Tel. 0521/518346

jeden Fall sauber und sollte genau so wieder verlassen werden, damit beim nächsten Mal ohne Aufräumarbeiten gekickt werden kann. Die Zuständigen des Sportamts wissen auch, wo das nächste Fußballfeld in Deiner Umgebung ist. Für Mitglieder des Sportbundes Bielefeld sind die Plätze übrigens kostenlos nutzbar.

Außerdem gibt es eine lange Liste von einfachen Bolzplätzen in Bielefeld. Auch diese werden viel genutzt, aber nur mehr oder weniger häufig gewartet. Hier eine Auswahl für den Anfang – alle leicht zu finden:

DORNBERG: Auf dem Grünstreifen hinter der Heilig Geist Kirche (Spandauer Allee)

JÖLLENBECK: Am alten Bahndamm. Hier gibt es mehrere Bolzplätze. Sie sind zu Fuß erreichbar über den Oberlohmannshof oder vom alten Bahndamm aus. Der Zugang vom Bahndamm runter wird im Winter zur Rodelbahn.

SCHILDESCHE: Sudbrackschule (Klarhorststraße)

SENNESTADT: Hans-Christian-Andersen-Schule (Vennhofallee)

Wer einfach ein paar Bälle über die Wiese schieben will, ohne ein rasantes Match daraus zu machen, kann das auch im **Nord-** oder **Bürgerpark**. Allerdings muss hier selbst für die Tor-Begrenzung gesorgt werden.

Eine besonders schöne Kickwiese, auf der sogar Tore stehen, gibt es auch in Sennestadt an der **Bus-Haltestelle „Am Stadion"**. Diese darf ohne Voranmeldung genutzt werden.

Beachvolleyball

Füße im Sand und Ball in der Hand? Bielefelds schönste Beachvolleyball-Anlage befindet sich direkt am Obersee und gehört zur Beach-Bar **Düne 13** (Loheide 22a). Für das Päuschen zwischendruch gibt es Wasserpfeifen, Drinks & Cocktails und eine Massage-Lounge.
www.duene13.com

Courts gibt's außerdem in folgenden Freibädern der Stadt:

Ihr seid bereits ein starkes Team und wollt es richtig wissen? Dann solltest Du Euch für ein Turnier am Beach des TuS Brake anmelden. Neue Vereinsmitglieder sind natürlich auch gerne gesehen.
www.tusbrake-volleyball.de

--> Beach

- Wiesenbad (Werner-Bock-Str. 3
- Senner Waldbad (Am Waldbad 7
- Freibad Dornberg (Forellenweg 8
- Naturbad Brackwede (Osnabrück Str. 63a)
- Freibad Gadderbaum (Im Holschbruch 7)
- Freibad Hillegossen (Oelkerstr. 24
- Freibad Schröttinghausen (Campingstr. 20)

Schwimmen   Wandern
  Klettergarten   Badesee   //127

Wandern und Radtouren

Wer hätt's gedacht? Einer der zehn beliebtesten Wanderwege Deutschlands verläuft direkt durch die Bielefelder Innenstadt: Der Hermannsweg. Schon die alten Germanen wanderten einst über diesen Weg, der heute zum Hermanns-Denkmal in Detmold und zu den Externsteinen in Horn-Bad Meinberg führt. Und die Strecke in Richtung Werther und zum Ort Borgholzhausen, der Honigkuchenstadt, ist ebenfalls sehenswert. Mehr Infos und Tourenvorschläge unter: www.hermannshoehen.de

Auch für (Bahn-)Rad-Wanderwege in der Region ist zur Genüge gesorgt. Mehr Infos findest Du auf den Webseiten der Stadt Bielefeld oder hier: www.bahnradrouten.de

Der Bielefelder Online-Kartendienst liefert Dir sogar Radrouten durch alle Stadtteile samt den Sehenswürdigkeiten am Wegesrand. www.bielefeld.de

--> Kultur-Freizeit-Sport --> Sport
--> Radwandern

Auf Rollen

Das platte Land und die oft glatt gepflasterten Bürgersteige und Fahrradstraßen der Bielefelder Innenstadt sind für Skateboarder und Inlineskater gut geeignet. Leider gibt es in der Stadt keine eigene Skateboard-Halle oder eine Skatenight wie zum Beispiel in Münster und Paderborn – und doch können sich Rollbrettfahrer in der Innenstadt freuen:

Direkt auf dem Kesselbrink, einem zentralen Platz in der Bielefelder Innenstadt, findest Du einen Skatepark, den Du Dir allerdings auch

Bielefeld   Bielefeld?
dlich   endlich   endlich

mit BMX-Fahrern teilen musst. Er wurde gerade frisch umgestaltet, was den Sportlern eine 1000 Quadratmeter große Skater-Anlage beschert hat. Wenn Dir das heimische Revier doch zu klein wird, kannst Du auch mal einen Ausflug nach Münster machen: Ein Tag im **Skaters Palace** lohnt sich definitiv. www.skaters-palace.de

Auf dem Wasser

Wer Kanu fahren will, muss ein bisschen raus aus dem Bielefelder Stadtgebiet, da einfach das nötige Wasser fehlt. Ein paar Kilometer weiter in Bad Salzuflen/Schöttmar hat sich allerdings ein Touristik-Unternehmen auf Kanuausflüge auf Werre, Lippe und Weser spezialisiert. www.rionegro.de

Aufgrund des Mangels an Seen und Flüssen in Bielefeld musst Du Dich auch für weitere Wassersportarten zu anderen Gewässern in Westfalen aufmachen. Auf dem **Aasee** in Münster kannst Du segeln gehen und alles vom Paddel- bis zum Tretboot leihen.
www.overschmidt.de   --> Aasee --> Bootsverleih

Auch auf dem **Lippesee** in Paderborn kannst Du Tretbootfahren oder Segeln. Direkt nebenan liegt der **Nesthauser See** mit rasanter Wasserski-Anlage. www.wasserski-paderborn.de

Golfen

Du hast beim Golfen bereits die Platzreife? Dann bist Du in Ostwestfalen genau richtig, denn es gibt eine Vielzahl verschiedenster Golfplätze in der Region. Auch Bielefeld lässt Liebhaber des Schlägerschwingens nicht im Regen stehen. Auf dem **Golfplatz** (Dornberger Str. 377) kannst Du Dich ab einmaligen 25 Euro für drei Stunden als Golfeinsteiger versuchen. Bist Du bereits in einem Club Mitglied und hast mindestens ein Handicap von 36? Dann darfst Du sofort auf den Platz. Alles Weitere erfährst Du hier:
www.bielefelder-golfclub.de

Minigolf

Golf ist nur was für Snobs? Dann probier's doch mal mit Minigolfen. Das kannst Du in Bielefeld natürlich auch. Fünf Minigolfanlagen befinden sich im Bielefelder Stadtgebiet. Eine am **Obersee**, eine in **Brackwede**, die dritte im **Nordpark**, eine in **Sennestadt** und die Älteste **„Am Venn"**, Richtung Heepen. Für Profi-Minigolfer fehlt nichts: Von der Filzbahn bis zum Rasengolf gibt's alles, was Liebhaber der kleinen Bälle begehren. Einen Überblick über alle Bahnen findest Du unter: www.minigolf-bielefeld.de

Hoch hinaus

Kletteräffchen kommen mitten im Teutoburger Wald auf ihre Kosten. Direkt am Johannisberg liegt der **Kletterpark**, den Du mit der Buslinie 24 erreichen kannst, Haltestelle Bauernhaus-Museum. Von der Haltestelle musst Du nur noch wenige Meter entlang der Dornberger Straße bis zum Ende des großen Parkplatzes laufen.

Vier verschiedene Schwierigkeitsgrade und 50 Kletterstationen erwarten Dich. Auch die notwendigsten Selbstsicherungstechniken kannst Du lernen, wenn Du Dich bisher nicht in die Höhe getraut hast. Einzeltickets kosten für Erwachsene 21 Euro bzw. 19 Euro für Schüler, Azubis und Studenten.

Du hast Gefallen daran gefunden? Dann kommst Du mit den Zehnertickets, die 190 bzw. 170 Euro kosten, etwas billiger weg. Weitere Infos hier: www.interakteam.de

//130 Es ist Sommer   Sonne **Grillen** Baden
Eis
Kicken

Draußen sitzen

An sommerlichen Abenden tummeln sich Freunde des Sit-ins in Bielefeld nicht etwa, wie vielleicht in anderen Städten, auf einer Wiese oder in einem Park, nein, in der ostwestfälischen Metropole trifft man sich auf dem **Siegfriedplatz**. Fast obligatorisch: Die Picknickdecke!

Bist Du clever, denkst Du an ein Sitzkissen, denn das Pflaster ist zum Teil sehr grob und dementsprechend schläft Dir auch schon Mal der Pöter ein.

Pöter = Hintern, s. „Sprachregeln", S. 238

Mitzubringen sind außerdem Getränke aller Art und, falls Talent und Lust vorhanden sind, eine Gitarre oder ein anderes Instrument. Ohne gleich zu zündeln, kann dann trotzdem nach Sonnenuntergang ein wenig kuschelige Lagerfeueratmosphäre aufkommen. Auch Waldi, Bello und Co. dürfen mitgebracht werden und mit den anderen Vierbeinern über den Platz tollen.

An Wochenenden ist besonders bei Stadtfesten in der City die **Treppe vor dem alten Rathaus** ein beliebter Treffpunkt für Nachtschwärmer. Tagsüber scheint Dir die Sonne auf den oberen Stufen noch länger als in der restlichen Innenstadt ins Gesicht. Herrlich!

An Sonntagen und für Romantik zu zweit gibt's nur die **Sparrenburg**, von der aus Du die ganze Stadt im Sonnenuntergang im Blick hast.

siehe auch „Picknick", S. 122

Mit dem Hund

Du bist wohl auf den Hund gekommen!? Wie groß, klein, dick, dünn oder außergewöhnlich Dein behaarter Freund auch sein mag, die Bielefelder Innenstadt ist für den pelzigen Vierbeiner einfach nicht gemacht.

Kletterst Du allerdings rauf zur Sparrenburg und schwingst Dich weiter zur Promenade, so kannst Du Waldi getrost von der Leine lassen, wie das auch viele andere Hundehalter gern tun.

Wohnst Du in Gellershagen, dann brauchst Du nicht erst raus bis zur Burg zu fahren; Du musst es lediglich bis zum Grünzug zwischen Brodhagen und Drögestraße schaffen. Auch hier dürfen Bello und Co. unangeleint herumtoben.

In Schildesche und an der Stiftsmühle kann Dein vierbeiniger Freund ebenfalls eigene Wege gehen und Stöckchen holen, ohne dass mit größeren Nervenzusammenbrüchen von Passanten oder Anwohnern gerechnet werden muss.

Und auch in Brackwede rund um die Eisbahn heißt es: Leinen los!

Schnee
Schnee
Schnee
S
Schnee
Schnee
Schnee
Schne
Schnee
Schnee
Schnee
Schnee
Schnee

//134 Frostige Zeiten

Schnee kalt
Eiskratzen **Sauna**
brrr

Der Bielefelder Winter ist zwar sehr kalt, aber in der Regel fällt nur wenig Schnee, der dann auch innerhalb kürzester Zeit wieder verschwindet. Das hat den Vorteil, dass es im Straßen- und öffentlichen Nahverkehr nur selten zu Verspätungen oder Komplikationen kommt. Wenn sich die Winterwolken über Bielefeld aber mal so richtig ausschneien, dann geht es rund in der Stadt. Es gibt Unfälle, blockierte Straßen, es wimmelt von Räumfahrzeugen und manchmal bricht einfach das Chaos aus. Ja, Schnee in Bielefeld ist eben etwas ganz Besonderes.

Damit die frostige Stimmung und das Schmuddelwetter sich aber nicht auf Deine Laune niederschlagen, gibt es an dieser Stelle ein paar Hinweise, wie man in Bielefeld die kalte Jahreszeit unbeschadet überstehen kann:

Hallenbäder, Sauna und Wellness

Im **AquaWede** (Duisburger Str. 4) trainiert nicht nur die Unterwasserrugby-Mannschaft der Stadt, auch Du kannst Dich hier in Sachen Wassersport betätigen.

Wenn Du eher zu den Saunierern und Wellnessern gehörst, hat Dir das AuqaWede auch so einiges zu bieten. Für den Liebhaber der irrsinnigen Hitze, könnte die finnische Trockensauna das Richtige sein. Beim Kneippgang hast Du andererseits auch die Möglichkeit, Dir kalte Füße zu holen. Alternativ kannst Du das Dampfbad oder die Lichtsauna ausprobieren und danach im Außenbereich ins Abkühlbecken springen. Bist Du ein Sonnenanbeter und stehst auf gebräunte Haut? Solarien stehen Dir hier auch zur Verfügung. Wenn Du den Eintritt für die Sauna bezahlt hast, darfst Du übrigens auch alle anderen Schwimmbadbereiche nutzen.

Ein Plantschparadies findest Du im kinderfreundlichen **Familienbad Heepen** (Schlauden 11). Aber auch als kindsköpfiger Erwachsener

darfst Du die Wasserrutsche benutzen. Sollte Dein Spieltrieb dann immer noch nicht gestillt sein – kein Problem: Wasserspielzeuge kannst Du Dir dort ausleihen, bis das Becken voll davon ist. Steht Dir nach dem Schwimmen noch der Sinn nach Sauna, hast Du die Wahl zwischen 55 Grad in der Lichtphasensauna, 85 Grad in der finnischen Trockensauna und 95 Grad in der Blockhaussauna auf der Dachterrasse. Danach ist Dir garantiert mollig warm und Du kannst Dich wieder raus in den Frost trauen.

Das **Ishara** (Europa Platz 1) wirbt mit dem Spruch: „Baden wie in 1001 Nacht" und nach einem Besuch fühlst Du Dich wirklich gnadenlos entspannt.

Neben einem Erlebnisbad- und einem Sportbereich findest Du dort auch eine erstklassige Saunalandschaft vor. Außerdem kannst Du Dir mit einem Besuch im Hamam oder einer ayurvedischen Massage etwas Gutes tun. Der gesamte Wellnesstempel wurde 2011 umgebaut, seitdem hast Du die Möglichkeit, bei jedem Wetter auch den Außenbereich des Schwimmbads zu nutzen. Nicht nur die zentrale Lage des Ishara ist von großem Vorteil, auch das Kursangebot (z.B. Wasseraerobic, Aqua Power, Bauch-Beine-Po) kann sich sehen lassen und ist zum Teil sogar im Eintrittspreis enthalten.
www.ishara.de

Die Öffnungszeiten des **Sennestadt Bads** (Travestr. 28) ändern sich während der Ferien, den Rest des Jahres ist das Bad nur von freitags bis sonntags geöffnet. In dieser Zeit kannst Du im 25-Meter-Becken Deine Bahnen ziehen. In der übrigen Zeit wird das Bad hauptsächlich von Schulen, Vereinen und von den Bodelschwinghschen Anstalten genutzt und ist deshalb auch behindertengerecht ausgestattet.

Einen Überblick über alle Bäder in und um Bielefeld inkl. Öffnungszeiten, Eintrittspreisen etc. findest Du hier: www.bbf-online.de

In der **Altstadt Sauna** (Marktstr. 19a) gelten unterschiedliche Eintrittspreise. Je nachdem ob Du Student, Schüler oder Arbeitnehmer bist, zahlst Du einen anderen Betrag. Für Mitarbeiter bestimmter Firmen gibt es Sonderangebote für die Blocksauna, die finnische Sauna und das sehr entspannende Tepidarium. Nach dem Schwitzen kannst Du in den Whirlpool steigen und relaxen. Das Besondere der Altstadtsauna wird Dir sofort auffallen: Der Chlorgeruch fehlt. Das Becken wird nämlich mit einem Salzelektrolyse-Verfahren gereinigt und das Wasser regelmäßig ausgetauscht. Preise und Öffnungszeiten findest Du auf der Internetseite:
www.altstadt-sauna.de

Wong Whien Nuad Thai (August-Bebel-Str. 122): Der Klang dieses Namens macht irgendwie Appetit auf thailändische Küche, steht aber in diesem Fall für Entspannung und fließende Körperenergie. Neben der fein duftenden Aroma-Massage kann man sich hier auch eine Hot-Stone-Massage verpassen lassen.
www.thai-massage-bielefeld.de

Direkt in Bielefeld Mitte liegt die **Schöne Aussicht** (Schubertstr. 10). Der Ort mit dem hochverdienten Namen ist nicht nur bei Spaziergängern ein beliebtes Ausflugsziel, denn neben Café und Restaurant hat die Schöne Aussicht auch einen Sauna- und Wellnessbereich zu bieten.

Die Bio-Sauna hat angenehme 55 Grad und beglückt Dich mit warmen wohltuenden Lichteffekten. Wenn Du Dir nach dem Saunieren noch eine Ganzkörpermassage gönnst, wirst Du bestimmt die Ruhe selbst sein. Die Preise sind leider nicht gerade niedrig, aber der Besuch hier ist allemal sein Geld wert. Falls Dir das Entspannungs- und Wellness-Angebot zu teuer ist, lohnt sich aber auf jeden Fall ein Abstecher ins Restaurant. www.schoene-aussicht-bielefeld.de

Sportlicher Indoor-Winter

Bowling & Billard

Der amerikanische Volkssport Bowling ist auch eine Deiner Lieblingsbeschäftigungen? Glück gehabt! Denn in Bielefeld hast Du an vielen Ecken die Möglichkeit, eine ruhige Kugel zu schieben. Hier eine kleine Übersicht über die lokalen Sportstätten:

Die **Bowlingbahn** direkt hinter dem Bahnhof (Boulevard 3) veranstaltet hin und wieder Events wie das „80er-Jahre Bowling" oder das „Cosmic Bowling". Dank eines Raucherraums fühlen sich hier auch die Bowler mit dem Hang zum Glimmstängel wohl. www.bowling-am-boulevard.de

Auf den Bahnen von **City-Bowling** (Zimmerstr. 10-14) hat sich das fast schon legendäre „Rock 'n' Roll Bowling" etabliert. Wer als Bielefelder leidenschaftlich bowlt, hat zumindest schon von dem Event gehört oder war bereits dabei. www.city-bowling-bielefeld.de

Das **Elite Bowling Center** (Hubertstr. 25) hat niedrige Preise, dafür laden Dich außer den 20 Bahnen mit den Pins auch noch drei Billardtische dazu ein, Deinem Spieltrieb nachzugeben. Für den Autofahrer ganz angenehm ist die Tatsache, dass man hier sehr schnell einen kostenfreien Parkplatz direkt vor der Tür bekommt. Außerdem für manchen von Vorteil: Du darfst Deinen Hund mitbringen, denn im Gegensatz zu vielen anderen Sportstätten ist Dein Vierbeiner hier ein gern gesehener Gast. www.elite-bowling.de

Wenn Du eher das Billardspiel in der Kneipe bevorzugst, solltest Du das **Zweischlingen** (Osnabrücker Str. 200) ausprobieren. Der Tisch steht direkt vor dem Tanz- und Veranstaltungsraum. Auch ohne das Spiel mit den bunten Kugeln lohnt sich der Besuch hier, z.B. wenn vorweihnachtlich statt dem üblichen Glühwein der köstliche

//138 Frostige Zeiten   Schnee   kalt
Eiskratzen Sauna
brrr

Kirschwein aus der Region über den Tresen wandert. Übrigens kannst Du im Zweischlingen auch einen Tanzkurs belegen und jeden Dienstagabend auf der Salsaparty die Hüften schwingen. Frauen (meistens in Überzahl) sollten zu diesem Anlass ihren Tanzpartner mitbringen. Männer finden normalerweise schnell eine Tanzpartnerin.

Eine Riesenmenge der mit grünem Filz bezogenen Tische steht im **Billard-Café Break Even** (Heeper Str. 174-176), wo Du im dazugehörenden Shop den passenden Queue aussuchen kannst. www.breakeven-bielefeld.de

Auch im **Billardcafé** (Feilenstr. 31), kannst Du zeigen, was Du am Billardtisch drauf hast. www.billardcafe-bielefeld.de

Schläger aller Art

Oder bist Du eher der Schläger-Typ? Tennis, Tischtennis, Squash oder Badminton? Egal wie groß Dein Schläger sein soll, im **Sportland Dornberg** (Babenhauser Str. 325) solltest Du im Voraus einen Platz reservieren. Je nach Tag, Uhrzeit und Sportart kannst Du hier bereits ab 7 Euro 45-60 Minuten lang den Schläger schwingen bis der Schweiß tropft. www.sportland-dornberg.de

Auf der anderen Seite der Stadt, in der **Sportmühle Bielefeld** (Gütersloher Str. 299) kannst Du Deine Schlagtechniken beim Squash und Badminton immer dienstags ab 20.00 Uhr beim Training verbessern. Schläger kannst Du Dir natürlich auch vor Ort leihen. Außerdem werden hier Kurse von der Rücken-Schule bis zur Tanz-Fitness-Trendsportart Zumba gegeben. Und wenn Du danach noch ein bisschen relaxen und Wärme tanken willst, geht's ab in die Sauna oder ins Solarium. www.sportmuehlebielefeld.de

Fußball im Trockenen

Fünf gegen fünf spielst Du auf den Soccer-Feldern (30x15 m) des **Sportparks Dornberg** (Soccerdome, Babenhauser Str. 325) oder in der **Soccer 1 Lounge** (Schelpmilser Weg 11). Im Soccerdome kostet die Stunde zwischen 35 und 45 Euro, bei Soccer 1 bist Du mit 40 bis 48 Euro dabei. www.soccerone.de www.sportland-dornberg.de

--> Fussball

Der Hochschulsport der **Uni Bielefeld** bietet Dir die komfortable Möglichkeit, eine ganze Halle semesterweise bzw. für die Zeit der Semesterferien zum Bolzen zu mieten. Das gilt zunächst leider nur für Studenten, die auch am Sportangebot der Uni teilnehmen können. Wissenswert ist aber, dass der Hochschulsport außerdem eine Gasthörerschaft anbietet, die nur 100 Euro pro Semester kostet und mit der Du dann ebenfalls die Halle für selbstorganisierte Gruppen mieten kannst. Das Alter ist dabei egal. Mehr Infos unter: www.uni-bielefeld.de   --> Hochschulsport --> Downloads

Paintball

Wer auf die paramilitärisch anmutende Angelegenheit steht, kann sich der Ballerei z.B. in der **Paintballhalle Brake** (Maagshöhe 10) oder in der **Paintballarena** (Werningshof 6) widmen.
www.paintballhalle-brake.de
www.paintballarena-bielefeld.de

Paintballhalle Brake

Klettern

Hoch hinaus kannst Du auch im Winter! Und das z.B. – wie der Name schon sagt – im **Hoch Hinaus** (Kerksiekweg 27). Samstags und sonntags zwischen 14.00 und 16.00 Uhr kannst Du hier einen Schnupperkurs belegen, Schuhe und Gurte gibt's vor Ort.
www.hochhinaus.com

Eine weitere Kletter-Adresse ist das **Kletterzentrum Speicher 1** (Meisenstr. 65). Hier musst Du allerdings zuerst einen Einführungskurs absolvieren, bevor man Dich auf die Klettereinrichtung loslässt. www.speicher1.net

Der klassische Wintersport

Skifahren

Wie Du sicherlich schnell feststellen wirst, ist Ostwestfalen für Wintersport nicht die Top-Region Deutschlands. Da es selten richtig schneit und es darüber hinaus nicht besonders bergig ist, findest Du, wenn überhaupt, nur Langläufer und auch das nur in sehr niederschlagsreichen Wintern. Diese suchen sich dann die Strecken, die sie für befahrbar halten (z.B. zwischen Uni und Fußballstadion). Angeblich sollen in den letzten Wintern auch auf dem Hermannsweg einige Langläufer gesichtet worden sein. Im Allgemeinen bedeutet Bielefeld aber für Dich als leidenschaftlicher Skiläufer: Ab ins Sauerland! Denn in Winterberg befindet sich das nächstgelegene Skigebiet.

Rodeln

Rodeln kannst Du aber auch in Bielefeld. Sobald der Schnee die Wiesen bedeckt, triffst Du besonders im **Oetkerpark**, auch liebevoll „Oetti" genannt, viele Hobbyrodler. Auch der eine oder andere B-Promi lässt sich hier manchmal mit Familie oder Freunden blicken. Fast jedes Jahr gibt es im Oetti inoffizielle Flashmobveranstaltungen rund um das Thema Schneeballschlacht – und auch ein paar Schneemänner frieren sich hier ihre Möhrennasen ab.

Mit dem Schlitten kannst Du auch die Galgenheide am **Tierpark Olderdissen** hinunter peitschen und manchen übermütigen Rodler triffst Du auch auf dem Gelände der **Sparrenburg**.

Ein bisschen weiter weg, am **Naturfreundehaus** in Oerlinghausen, kannst Du ebenfalls mit Deinem Gefährt den Hang runterrutschen.

Das sind allerdings alles keine offiziellen Rodelstrecken, denn in Bielefeld gilt: Wo es was zu berodeln gibt, wird das auch gemacht, außer natürlich im Naturschutzgebiet. Wenn Du in Deiner näheren Umgebung bereits einen geeigneten Hügel ins Auge gefasst hast, dann schnapp Dir Deinen Schlitten und ab geht die Luzie.

Eislaufen

Ein spektakuläres Winterevent findet jedes Jahr Anfang Februar am bzw. auf dem Obersee statt: die Eiswette. Damit ist ein Wettlauf über den See gemeint und jedes Jahr fiebern viele Bielefelder mit, ob das Eis nun trägt oder nicht. Natürlich gab es auch schon

Jahre, in denen der See nicht zugefroren war. Da wurde die Überquerung eben mit Booten vorgenommen. Glühwein, ein leckeres Süppchen und die Wettgewinnerziehung gehören inzwischen obligatorisch dazu. Sobald das Eis auf dem Obersee dick genug ist, wird der See auch von Schlittschuhläufern genutzt.

Solange die Eisschicht aber noch zerbrechlich ist, hast Du die Möglichkeit, Dich in Brackwede auf der **Oetker-Eisbahn** auszutoben. Schlittschuhe lassen sich vor Ort gegen wenig Geld ausleihen. Auf der Eisbahn kannst Du mittwochs zwischen 18.00 und 22.00 Uhr zu den neusten Discohits Deine Runden drehen. Auch freitags hast Du die Möglichkeit, Dich ab 19.00 Uhr zu Hits der 70er, 80er und 90er Jahre rhythmisch auf den Kufen zu bewegen. Außerhalb der Öffnungszeiten ist die Eisbahn immer von Eishockey- oder Eiskunstlaufvereinen belegt. Montagmorgens kannst Du aber versuchen, die Bahn mit ein paar Freunden für eine Runde Eis-Stocking zu ergattern.

Infos zu freien Terminen, Preisen und Leihgebühren bekommst Du direkt bei der Eisbahn (Tel. 0521/511485). Übrigens: Wenn Du nach dem Pirouettendrehen völlig durchgefroren bist, ist es nur noch ein Katzensprung bis zur Sauna im Aquawede.

s. „Hallenbäder, Sauna & Wellness", S. 134

Vorweihnachtliches

Mit Beginn des Advents startet auch der Bielefelder **Weihnachtsmarkt**. Auf der Seite der Neustadt siehst Du am Jahnplatz dann immer eine große, wunderschön beleuchtete Tanne stehen. Hinter der Tanne in Richtung Bahnhof und auf der anderen Seite in Richtung Altstadt reihen sich die Stände des Weihnachtsmarkts aneinander.

Neben den obligatorischen Glühweinbuden am Alten Markt, der zur Weihnachtszeit von jungen Leuten auch gerne mal den Namen

Glühweinmarkt verliehen bekommt, gibt es auch jede Menge Fressbuden, Schmuck- und Geschenkestände, an denen Du gemütlich entlangbummeln kannst. Wer den roten Glühwein nicht mag, für den gibt's alternativ auch die weiße Variante – allerdings nicht an allen Ständen.

Viele Familien, auch außerhalb Ostwestfalens, haben einen Tonträger des **Bielefelder Kinderchors** im Regal stehen. Die von hohen Stimmchen gesungenen Weihnachtslieder gehören in Bielefeld zur Vorweihnachtszeit wie der Bart zum Weihnachtsmann – und das schon seit 1932. Die Karten für die Weihnachtskonzerte kosten meist um die 11 bis 15 Euro. Danach ist man beinahe ein bisschen sentimental und fühlt sich so richtig in Weihnachtsstimmung versetzt. www.bielefelderkinderchor.de

Inzwischen hat sich auch der **Wunschbaum** in der Bielefelder Unihalle etabliert. Ein paar Wochen vor Weihnachten wird der mit Wunschsternen bestückte Baum vor der Cafeteria aufgestellt. Die Papiersterne symbolisieren Wünsche von Kindern, Jugendlichen und Erwachsenen aus den verschiedenen Einrichtungen Bethels, die von Studierenden und Unimitarbeitern erfüllt werden sollen – und können.

//144 Frostige Zeiten

Schnee kalt
Eiskratzen **Sauna**
brrr

Das **Weihnachtsmärchen** ist unter Erwachsenen genauso beliebt wie bei den Bielefelder Schulklassen. In jedem Jahr siehst Du an den Vormittagen vor Weihnachten jede Menge Schulkinder in Reih und Glied zum Theater pilgern.

Häufig ist es der Stoff aus Kinderbüchern, der hier dargestellt wird (z.B. „Das Sams" oder auch mal „Der kleine Muck"). Die Veranstaltungen, in die sich auch die Erwachsenen trauen, finden meist am späten Nachmittag statt.
www.theater-bielefeld.de

„Weihnachten von See" – Auch wenn Bielefeld einige Kilometer vom Meer entfernt liegt, heißt so das traditionelle Weihnachtskonzert des **Shanty Chors**. Im Marineheim im Schildescher Ortskern (Huchzermeierstr. 9) wird jeden Montagabend geprobt. Infos, wo und wann die Konzerte stattfinden und wo es die Karten zu kaufen gibt, findest Du auf der Website des Shanty Chors Bielefeld.
www.shanty-chor-bielefeld.de

Weihnachten allein in Bielefeld? Gibt's nicht. Am Heiligabend trifft man sich im **Forum** (Meller Str. 2) und am ersten Feiertag findet im **JZ-Kamp** (Niedermühlenkamp 43) die legendäre T.-Party statt. Das „T." ist dabei nicht als „Tee" misszuverstehen, in diesem Fall ist der Tequila gemeint.

Neujahr/Silvester

Silvester und Neujahr feiern die Bielefelder ganz traditionell im Freundeskreis oder bei einer der zahlreichen Neujahrsfeiern in Bie-

Schlitten   Ski   **Schnee**
  Schneemann   **Skifahren**

lefelder Discos und Kneipen. Meist ist ein Buffet in den Kosten für die Eintrittskarten, die Du im Vorverkauf erstehen musst, enthalten.

Wenn Du ein Freund der Pyrotechnik bist, ist um Mitternacht die Sparrenburg der richtige Platz für Dich. Von dort aus hast Du den besten Blick aufs Feuerwerk. Auch am Jahn- oder Siegfriedplatz tummeln sich um Mitternacht die Feierlaunigen.

In vielen ostwestfälischen Familien isst man an Silvester (bunte) Berliner und an Neujahr meistens roten Heringssalat mit Kartoffeln und Äpfeln. Klingt vielleicht merkwürdig, hilft aber beides ausgezeichnet gegen den Neujahrskater.

Noch keine Idee für Weihnachten?

Für Deine Freunde in Freiburg, Mainz, Heidelberg, Leipzig, Bonn, Kiel ...

Im Buchhandel oder unter www.rap-verlag.de

Bielefeld   Bielefeld?

dlich   endlich   endlich

Musik *Musik*

Mus
abhorsten

DJan
abhorsten *abhorsten*

Feiern

Club · Musik · DJane · Flirt-Faktor · abhorsten

In Bielefeld steht mehr als nur eine Partymeile bereit, um das Leben zu feiern. Und ein Grund dazu findet sich ja eigentlich immer. Da Bielefeld eine Studentenstadt ist, sind die meisten Tanzflächen ohnehin gut besucht, und auch abseits des Party-Boulevards gibt es kleinere und größere Clubs, die man unbedingt ausprobieren sollte. Studenten dürfen sich außerdem über zahlreiche Campus-Partys freuen.

Das Nachtleben

Am Boulevard

Im Volksmund auch einfach Neues Bahnhofsviertel genannt. Hier ist eine einmalige Feier- und Freizeitmeile entstanden. Restaurants und Bars laden zum geselligen Umtrunk ein, während man von seinem Platz aus schon auf die verschiedenen Clubs schielen kann. Die zentrale Lage auf der Rückseite des Bahnhofs macht es möglich, sogar mühelos zwischen zwei oder mehreren Clubs hin und her zu pendeln. Die wichtigsten Locations zum Aufwärmen und Auspowern:

Je später es wird, desto irritierender wirkt das Spiel mit den Zahlen: Die **Bierbörse** bietet verschiedene Getränke an, deren Preis je nach Angebot und Nachfrage alle 200 Sekunden steigt oder sinkt. Damit aber auch wirklich jeder auf seine Kosten kommt, wird allabendlich mehrmals ein großer Börsen-Crash inszeniert, bei dem alle Preise grundsätzlich fallen. Musikalisch setzt man hier auf Schlager- und Partymusik. Beeindruckend (bzw. beunruhigend ...) ist dabei immer wieder, wie textsicher die Gäste sind. www.pasha-bielefeld.de

--> Bierbörse

Direkt nebenan – weil's zusammengehört – liegt das **Pasha**. Hier wird der rote Teppich für die Gäste ausgerollt, die sich für Charts, House und Black Music begeistern. Das Pasha beeindruckt mit

stilsicherer Einrichtung (ganz in rot und metallic gehalten) und ist ausgesprochen um das Wohl seiner Gäste bemüht. Wem die viele Tanzerei zugesetzt hat und die Beine schwer geworden sind, der kann sich in die VIP-Lounge zurückziehen, wo man bei kommunikationsfreundlicher Musiklautstärke für Flüssigkeitszufuhr in Form von Cocktails sorgt. www.pasha-bielefeld.de --> Pasha

Das **Stereo** verwöhnt seine Besucher dagegen mit einem bunten Mischmasch an musikalischen Richtungen. Der Fokus liegt auf Indierock und gitarrenlastiger Popmusik – aber auch Nächte, die speziell den elektronischen Beats oder der Reggae- bzw. House-Musik gewidmet sind, finden im Stereo statt. Hier tummelt sich zumeist alles, was sich Student nennen darf. Aber auch andere Ausgehfreudige sind natürlich herzlich willkommen. Um böse Überraschungen zu vermeiden, kannst Du vorab auf der Homepage eine Hörprobe zum Abendprogramm machen. www.stereo-bielefeld.de

Der **Elephant Club** ist so etwas wie das stylische Nonplusultra unter den Clubs am Boulevard. Lichtinstallationen und futuristische Einrichtungselemente versetzen Dich erst mal kurz ins Staunen, bevor Du Dich dann – ganz cool versteht sich – dem RnB oder der House-Musik hingibst. Auch im Elephant-Club hast Du die Möglichkeit, eine Ruhepause einzulegen. Eine große überdachte Terrasse, die im Winter sogar beheizt ist, sorgt für eine angenehme Stimmung. Beachten solltest Du den Dresscode dieses Clubs: Ein bisschen aufgebrezelt wird hier gerne gesehen. Einen Gutschein für den freien Eintritt am Freitag kannst Du Dir auf der Homepage runterladen. www.elephant-club.de

Nur einen Steinwurf vom Boulevard entfernt liegt das **Forum** (Meller Str. 2). Hier werden alle Spielarten der Rock-Musik bedient. Liebhaber und Kenner stellen schnell fest, dass die DJs auch vor den geheimsten Geheimtipps nicht Halt machen.
www.forum-bielefeld.com

Bielefeld?

//150 Feiern

Musik Club **Flirt-Faktor** DJane abhorsten

Nicht das Richtige dabei? Kein Problem. Bielefeld ist überschaubar und die Wege sind relativ kurz. Findet man am Boulevard nicht die gewünschte Partylocation, zieht man einfach weiter in die Innenstadt.

In der City

Nicht gerade hochglanzpoliert und darum für den einen oder anderen gerade deswegen umso attraktiver ist das gute alte **Movie** (Am Bahnhof 6). Nicht weit entfernt vom Boulevard, auf der anderen Seite des Bahnhofs, triffst Du hier auf Leute, die eine heimelige Rock-Location schätzen. Von Mittwoch bis Sonntag geht ordentlich die Post ab. Absolut empfehlenswert ist die „No Compromise-Party", die für Anhänger der härteren Gangart gedacht ist (jeden Mittwoch, bis Mitternacht Eintritt frei). www.movie-bielefeld.de --> Party

Das **Far-Out** (Niederwall 12) ist frisch in die Bielefelder Party-Kultur zurückgekehrt. Ein eher kuscheliger kleiner Club mit großzügiger Bar und hübscher Deko (von der Discokugel bis zur 70er Jahre-Tapete) und sehr gemütlicher, wenn auch kleiner Lounge. Diese unwiderstehliche Mischung macht das Far-Out zu einem Highlight für Feier- und Tanzwütige. Musikalisch nicht auf eine bestimmte

Richtung festgelegt, wird gespielt, was irgendwie zum jeweiligen Thema des Abends passt. Immer einen Abstecher wert ist die „Jagdrevier"-Nacht, in der Astra, Prosecco und Jägermeister besonders günstig angeboten werden. www.far-out.de

Noch ziemlich frisch dabei ist auch der **Club 1 Million** (Feilenstr. 31). Die moderne Innenausstattung mutet ziemlich exklusiv an und auch das entsprechende Publikum ist erwünscht. Achte auf ein apartes Äußeres und Du kannst freitags und samstags Black Music, Hip-Hop, House und Mainstream-Musik erleben und Dein edel gewandetes Tanzbein schwingen. www.club-1million.de

Das blütenweiße Mobiliar des **Gallery Club** (Feilenstr. 5-7) verleiht ihm einen Hauch von 80er Jahre. Von der Bar bis zu den Vorhängen ist alles todschick durchdesignt. An Musik wird vorwiegend RnB, Soul und Black Music geboten. www.galleryclub.de

Das **Sam's** (Mauerstr. 44) punktet mit dem Motto „Wir können länger." Bis in die frühen Morgenstunden hat der kleine Club zwei Bereiche (einen für die Raucher) geöffnet. Das Sam's spricht all diejenigen an, die sich gerne die Nacht um die Ohren schlagen, beim Feiern sehr lange durchhalten, sich aber trotzdem erwachsen verhalten. Wer also keine Teenager mag ... Der Bielefelder After-Hour-Club mit Tradition. www.club-sams.de

Das muss man eigentlich mit eigenen Augen mal gesehen haben. Das **Stadtpalais** (Papenmarkt 11) zählt eher zu den Großraumdissen der Stadt und zieht einige junge, vor allem aber die etwas älteren Partygänger mit mainstreamlastigem Musikgeschmack an. Als Location ein

Bielefeld

absoluter Hingucker. Klar sollte Dir im Vorfeld jedoch sein, dass auch hier nicht wurscht ist, was Du anhast. Bevorzugtes Einlassalter liegt übrigens bei 25 plus ... www.stadtpalais.de

Mitten im Zentrum Bielefelds beschallt das **Café Europa** (Jahnplatz 4), auf ostwestfälisch auch einfach das „Caffe" genannt, die Ohren seiner Besucher mit Funk, RnB und House. Der Club wurde gerade erst komplett umgebaut und neu gestaltet. Ein Grund mehr, mal vorbeizuschauen. Manch einer findet das Publikum hier ja zu jung, die meisten freuen sich einfach, dass es keine Senioren-Partys gibt. www.cafeeuropa.de

Etwas weiter draußen ...

Hechelei (Ravensberger Park 6): Das klingt doch schon vielversprechend, oder? Und der Name ist nicht nur wegen der Distanz zu Innenstadt und Boulevard passend: Der Club befindet sich in einem Nebengebäude der ehemaligen Spinnerei – die Industriearchitektur ist noch erhalten und sichtbar – und macht ordentlich Stimmung.

Zur Zeit im Programm und gut besucht ist die Magnus-Party für „Gays, Lesbians & Friends" (immer am ersten Samstag des Monats). Cocktail- und Lounge-Bereich sind übrigens klasse – unbedingt mal vorbeischauen!

Die Hechelei kann man übrigens auch für eine private Feier anmieten. Der Club ist von der Innenstadt aus mühelos zu Fuß erreichbar; diejenigen, die kein Aufwärmprogramm brauchen, nehmen die Buslinien 21, 22 und 29 Richtung Heepen. www.hechelei.de

Der **Club Ostbahnhof** (Am Ostbahnhof 1) öffnet seine Tore freitags und samstags für Dich. Da es hier je nach Motto des Abends kaum musikalische Tabus gibt, sollte man sich vorher über das Programm informieren. Ohne Frage legendär sind die „Eurodance"-Partys – die sollten weit oben stehen auf Deiner To-do-Liste für die Bielefelder

Nächte. Diese Partys sind so heiß, dass gelegentlich schon mal das Kondenswasser von der Decke tropft. Zu erreichen mit den Buslinien 21, 22 und 350 – nach Hause bringt Dich dann der Nachtbus N4 (Haltestelle: Ostbahnhof). www.ostbahnhof.net

Im **Ringlokschuppen** (Stadtheider Str. 11) wird auch getanzt. Unter verschiedenen Mottos (darunter 80er- und 90er-Partys sowie die berühmte Depeche Mode Party) kann hier auf großen Floors gefeiert werden. Anfahrt mit der S-Bahn Linie 2 Richtung Milse.
www.ringlokschuppen.com

Und dann gibt es da noch die **Düne 13** (Lohheide 22a). Düne? In Bielefeld? Ja, in der Tat: Dank der Nähe zum Obersee nennt sich dieser Veranstaltungsort mutig „Ostwestfalens Beachclub No. 1". Die Partys mit Strandatmosphäre sind wirklich super.
www.duene13.com

Geheimtipp: Legendär soll sie sein – die Après-Ski-Party im **Seekrug** (Loheide 22a) am Obersee – die ultimative Party-Abrissbirne. Wer hingeht und überlebt, der möge berichten. Wir waren (offiziell) natürlich noch nie dort ...
www.duene13.com

Bielefeld Bielefeld?

endlich endlich

Auf dem Campus

Eigentlich gibt es nichts Schöneres, als die gewohnte Umgebung mal auf den Kopf zu stellen. Als Student kommst Du in diesen Genuss. Der Campus der Uni Bielefeld bietet sowohl Partys, die man beinahe schon als Massenveranstaltungen bezeichnen könnte, als auch Partys in fast kuscheliger, familiärer Atmosphäre. Am schnellsten erfährst Du von den Highlights in der Uni selbst, wo sie mit Aushängen beworben werden. Wer zudem eine kleine Gedankenstütze braucht, greift bei den zahlreich verteilten Infoflyern in der Mensa zu.

Das Semester ist noch jungfräulich, da steigt gleich schon die erste große Party im **Café Europa**. Schließlich will der neue Lebensabschnitt (oder einfach nur ein neues Semester) angemessen begossen werden. Ist das Semester vorbei, gibt es natürlich konsequenterweise auch eine Semester-End-Party. Beide Events werden von der Fakultät für Wirtschaftswissenschaften organisiert. Infos dazu findet ihr auf www.fv-wiwi.de. --> Fachschaft --> Veranstaltung --> Café Europa Partys

Die **Westend Party** ist das Großereignis unter den Campus-Feiern. Über 10.000 Menschen strömen in die große Haupthalle der Uni. Alle, die schon mal dabei waren, wissen, dass die Westend Partys stets groß, laut und hoffnungslos überfüllt sind. Die Gefahr besteht jedenfalls, dass man seine Begleitung im engen Gedränge bald verliert. Dafür findest Du aber auch recht schnell neue Freunde. Wenigstens einmal in seinem Studentenleben sollte man hier gewesen sein! www.fv-wiwi.de --> Fachschaft --> Veranstaltung --> Westend-Party

Ebenfalls ein Großereignis ist die **Mensa Party**. Wer schon einmal dort war, wird Dir bestätigen können, dass sie ein absolutes Muss für jeden Studenten ist. Die Mensa-Partys finden in der Regel zweimal im Jahr statt. Wenn es das Wetter zulässt, sorgt ein Grillwagen vor der Uni für das leibliche Wohl. www.fv-wiwi.de --> Fachschaft --> Veranstaltungen --> Mensa-Party

Die **Audimin Partys** zählen zu den besten Partys am Campus. Sie finden in einem Raum unterhalb des großen Audimax statt und werden von Studenten für Studenten organisiert. Fast alle Fachschaften laden mehrmals im Jahr dazu ein. Die Stimmung ist toll und das Publikum tanzt sich schweißnass.

Der im Vergleich zu Westend- und Mensa-Partys etwas kleinere und familiärere Rahmen lässt die Temperaturen dabei eher noch ansteigen. Die Kosten für Getränke und Eintritt sind kaum der Rede wert und äußerst studentenfreundlich. www.audimin-bielefeld.de

... raus aus Bielefeld?

Sollte mal der unwahrscheinliche Fall eintreten, dass Du das Bielefelder Nachtleben satt hast, kannst Du Deinen Wirkungskreis auf die umliegenden Städte ausdehnen. Wie viele Kilometer Du Dir zumuten willst, um ungehemmt auswärts einen drauf zu machen, bleibt natürlich Dir überlassen.

Um Dir einen Überblick über die Veranstaltungen in der Region zu verschaffen, kannst Du Dich hier informieren:
www.erwin-event.de   www.ultimo-bielefeld.de

Wenn Dich der Weg nach Herford führt, findest Du dort den **GoParc!** – eine komplette Nachterlebniswelt mit vier verschiedenen Tanzflächen. Hier laufen Charts, Fetenhits, Black Music und House. Das **X** wartet freitags mit Charts-Musik, Mainstream und ab und zu mit 2000 Litern Freibier auf. Samstag ist dann der Abend für Metal-, Rock-, Wave- und Gothic-Freunde. www.go-parc-hf.de www.x-herford.de

Recht nah sind außerdem Gütersloh und die **Weberei**. Das Programm reicht hier von Jamaican Vibes bis Industrial.
www.die-weberei.de

Auch Bad Oeynhausen ist noch relativ zügig erreichbar. Hier kann man auf dem Gelände des Werreparks (großes Einkaufszentrum in Bad Oeynhausen) dem **Club Ego** die Ehre geben. Getanzt wird dort zu Elektro, Minimal und House-Musik. www.club-ego.de

Nach Osnabrück, Münster und Dortmund muss man mindestens eine, bzw. sogar über eine Stunde Fahrt einkalkulieren. Dennoch nehmen viele Bielefelder die Fahrerei gerne auf sich. Schließlich warten in der nahen Fremde Clubs wie **Die Kleine Freiheit** (Osnabrück), **Gleis 22** (Münster) und **FZW** (Dortmund)!
www.kleinefreiheit.info   www.gleis22.de   www.fzw.de

Der Heimweg

Die Öffentlichen

Bielefeld ist eine recht übersichtliche Stadt. Da sie besonders am Wochenende bis tief in die Nacht belebt ist, kannst Du ohne mulmiges Gefühl nach Hause laufen. Trotzdem lohnt es sich hin und wieder, z.B. wenn Du es mit dem Feiern etwas übertrieben hast oder ganz einfach zu faul bist, einem Fahrer mehr zu vertrauen, als den eigenen Beinen. Glücklicherweise gibt es dafür ein durchdachtes Fahrkonzept des Öffentlichen Nahverkehrs.

Die Stadtbahnen fahren in der Regel bis ein Uhr nachts und werden dann von den Nachtbussen abgelöst. 15 Linien gibt es in Bielefeld insgesamt. Abfahrt ist immer um 1.05, 2.05, 3.05 und 4.05 Uhr am Jahnplatz. Neun der Linien fahren danach im Frühverkehr weiter.

Jeder Stadtbezirk wird angesteuert – als Nachtschwärmer musst Du Dir über den Heimweg also nicht allzu viele Gedanken machen. Mit gültigem Semester-Ticket fährst Du außerdem kostenlos mit. Herausragend ist übrigens das Service-Angebot „Ausstieg zwischen

Bushaltestellen", so lässt sich der Weg durch die Dunkelheit angenehm verkürzen. Einfach den Fahrer ansprechen.

Solltest Du in einer etwas abgelegeneren Ecke wohnen, wird das Nachtbus-Angebot für Dich (und Deine Nachbarn) durch Anruf-Sammel-Taxis (AST) und Anruf-Linien-Fahrten (ALF) ergänzt. Einfach dem (Nacht-)Busfahrer beim Einsteigen Bescheid geben, wo Du hinmusst – und an der Umstiegsstelle wartet schon das Taxi. Das ganze ist mit max. 2,40 Euro richtig günstig – und bei den ALF mit gültigem Sechser-Ticket sogar kostenlos.

Alle weiteren Infos, Fahrpläne und Liniennetzpläne findest Du online unter: www.mobiel.de

unter --> Auskunft --> Nachts und am Wochenende --> Nachtschwärmer gibt's eine sehr informative Broschüre zum gesamten Nachtverkehr.

Mit dem Taxi

Komfortabler und schneller kommst Du natürlich mit dem Taxi nach Hause. Am Hauptbahnhof findest Du fast immer eins, ansonsten genügt ein Anruf:

Bielefelder Funk-Taxi-Zentrale e.G. (BIETA), Tel. 0521/97111, www.bieta.de

Funk-Taxi-Zentrale Hansa e.G., Tel. 0521/444366

Ihr Taxi, Tel. 0521/65151, www.ihrtaxi.de

Bitaxi, Tel. 0800/3022333 oder 0521/170623, www.bitaxi.de

Bielefeld   Bielefeld?

endlich

Kirche

Kirche  Kirche

aus

geschlossen

aus

brunchen

Kühlschrank leer

Kühlschrank leer

brunchen

Sonntage
Sonntage
Sonntage

//160 Sonntage   brunchen   Kirche   flanieren
Ausflüge
geschlossen

Er ist einfach unersetzbar, dieser Tag, an dem man keine Verpflichtungen, keine Termine und einfach nur Freizeit hat. Hierzulande nennt man ihn meistens Sonntag. Und den gibt es ja glücklicherweise jede Woche. Sonntags hast Du Muße für einen Ausflug, Freunde, einen Kirchgang oder für etwas (mehr) Sport. Du kannst den Tag im Bett verbringen oder Dich nach Herzenslust langweilen. Damit die Langeweile aber wirklich nur dann kommt, wenn Du Sie haben möchtest, haben wir jede Menge Ideen für einen ausgefüllten Sonntag in Bielefeld parat:

Am Sonntag in die Kirche?

Für manche ist das einfach immer noch ein obligatorischer Termin fürs Wochenende. Solltest Du am Sonntag ebenfalls den Wunsch verspüren, in die Kirche zu gehen, kannst Du das selbstverständlich in jedem Bezirk Bielefelds.

Der größte Teil der getauften Bielefelder gehört der Evangelischen Kirche an. Wo sich die Dir am nächsten gelegene Kirchengemeinde befindet, erfährst Du hier: www.kirche-bielefeld.de --> Kirchengemein

Die Gläubigen im Süden der Kreisstadt (in Ummeln, Quelle, Sennestadt und in Teilen von Senne) sind seit der Gebietsreform zwar politisch gesehen Bielefelder, religiös sind sie aber dem Kirchenkreis Gütersloh zuzurechnen. Wenn Du dort Deinen Kirchgang in einer evangelischen Kirche erledigen möchtest, findest Du genauere Informationen unter: www.kirchegt.de --> Gemeinden

Aber auch die Katholische Kirche lässt ihre Schäfchen in Bielefeld nicht im Regen stehen. Den Weg zu den katholischen Kirchengemeinden in Deiner Gegend weist Dir diese Webseite:
www.bielefeld-lippe.de --> Kontaktpool --> Kirchengemeinden

brunchen Kirche
Kühlschrank leer   Spaziergang   //161

Konfession ist Dir nicht so wichtig – nur möglichst nahe sollte die Kirche sein? Dann findest Du über die Website der Stadt Bielefeld am besten die Kirchengemeinden in Deinem Bezirk.
www.bielefeld.de --> Stadtbezirke --> Bezirk auswählen --> Kirche

Natürlich leben in Bielefeld aber nicht nur Katholiken und Protestanten. Nach dem Christentum ist der Islam hier die meistpraktizierte Religion. Etwa 30.000 bis 32.000 Bielefelder sind Moslems, die älteste Moschee in Bielefeld ist die DITIB-Vantanmoschee (Windelsbleicherstr. 56). Übrigens auch architektonisch spannend: Orient trifft ostwestfälischen Klinker! www.vatan-moschee.de

Neben den christlichen Kirchen und den Moscheen gibt es aber auch zahlreiche Freikirchen und Tempel oder Meditationsräume anderer Religionen. Eine Liste aller in Bielefeld vertretenen Glaubensrichtungen und religiösen Einrichtungen bekommst Du beim Amt für Integration und interkulturelle Angelegenheiten.
www.bielefeld.de
   --> Rat & Verwaltung --> Dienststellen von A bis Z
   --> Amt für Integration und interkulturelle Angelegenheiten

Frühstück und Brunch

Es ist Sonntagmorgen, Dein Magen knurrt und Du hast Lust, die erste Mahlzeit des Tages auswärts einzunehmen? Kein Problem – in Bielefeld ist das eine der leichtesten Übungen. Die besten Lokalitäten zum Frühstücken und Brunchen haben wir hier für Dich schon mal zusammengestellt. Für alle gilt: Am besten einen Tisch vorbestellen, denn gefrühstückt und gebruncht wird in dieser Stadt oft, gerne und sehr ausgiebig.

Das **Alex** gegenüber dem Theater und dem Altem Rathaus (Niederwall 22) bietet zwischen 9.00 und 14.30 Uhr ein leckeres, abwechslungsreiches Brunchbuffet zu fairen Preisen. Müsli, frisches Obst, Brötchen und jede Menge Auswahl für obendrauf verschaffen Dir

die kulinarische Grundlage für den Start in einen entspannten Sonntag. Zusätzlich gibt's ein Glas Orangensaft und warme Leckereien – und das alles für 9,45 Euro. Am besten reservierst Du einen Tisch, denn das Brunchen im Alex ist sehr beliebt!
www.alexgastro.de   --> Bielefeld

Während Du Dir beim Brunch im **Bernstein** (Niederwall 2) den Teller mit Lachs, Rührei und anderen Köstlichkeiten vollpackst, genießt Du – neben dem Glas Prosecco, das es dazu gibt – 25 Meter über dem Jahnplatz einen ganz besonderen Ausblick über die Innenstadt. Für 17 Euro kann man so viel Genuss aber auch erwarten. Sonntags zwischen 10.00 und 14.30 Uhr. www.bernstein-live.de

Familienfreundliches Frühstück gibt's sonntags von 10.00 bis 13.00 Uhr im **Café im Bürgerpark** (Wertherstr. 88). Für Kinder zwischen drei und zwölf Jahren kostet das Frühstück 6,50 Euro, für Erwachsene 13,50 Euro, dafür darfst Du aber beliebig oft die Kaffee- oder Teetasse wieder auffüllen. www.cafe-im-buergerpark.de

Das gemütliche **fabrikart** (Münzstr. 5) lockt am Sonntag von 10.00 bis 15.00 Uhr mit seinem individuell komponierbaren Frühstück. Aus einem reichhaltigen Angebot kannst Du aussuchen, was Dein Herz begehrt, und bekommst es liebevoll angerichtet serviert. Die

Café im Bürgerpark

fabrikart

Preise hängen natürlich von Deiner Bestellliste ab. An sonnigen Tagen kannst Du Dein spätes Frühstück auch auf der hübschen kleinen Terrasse zu Dir nehmen. www.fabrikart-bielefeld.de

Kirche ja, aber bitte mit Frühstück? – Kein Problem! Ein sehr ungewöhnliches Ambiente hat das **Glückundseligkeit** (Artur-Ladebeck-Str. 57) zu bieten. Die ehemalige Kirche wurde umgebaut und 2005 als riesiger Gastronomiebetrieb mit verschiedenen Bereichen neu eröffnet. Das ehemals Sakrale und die neu gezauberte Lounge-Atmosphäre stehen erstaunlicherweise in keinem (ästhetischen) Widerspruch. Der Preis für das Sonntags-Buffet (von 10.00 bis 14.30 Uhr) beträgt zwar stattliche 22 Euro, ein Glas Prosecco oder Orangensaft sind aber inklusive und Du speist mit den Reichen und Schönen Bielefelds. www.glueckundseligkeit.de

--> s. auch „Essen unterwegs", S. 96

Auch Badenixen dürfen sich im modern eingerichteten **Nichtschwimmer** (Arndtstr. 6-8) am Wochenende und an Feiertagen von 9.00 bis 13.00 Uhr am Frühstücks-Buffet laben. Trotz des todschicken Interieurs herrscht im Nichtschwimmer Wohlfühlatmosphäre. Die Auswahl ist groß und ein Glas Prosecco oder Orangensaft im Preis von 11,90 Euro enthalten. Kaffee und Co. müssen extra bezahlt werden. www.ich-bin-nichtschwimmer.de

--> s. auch „Essen unterwegs", S. 85

Auch beim Brunch im **Plaza** (Arndtstr. 7) hast Du die Wahl zwischen unterschiedlichsten Leckereien. Zwischen 10.00 und 14.30 Uhr kannst Du Dir für 8,30 Euro den Sonntag versüßen. www.plaza-bielefeld.de

Du kommst auch ohne Brunch aus und willst einfach nur frühstücken? In der **Wunderbar** (Arndtst. 21) ist vom kleinen Joghurt bis zum Deluxe-Frühstück für jeden Geschmack etwas dabei (täglich ab 9.30 Uhr). W-LAN sowie einen Raucherbereich hat die Wunderbar als Extras aufzuweisen.

//164 Sonntage   brunchen **Kirche** flanieren **Ausflüge** geschlossen

Veganes Frühstück à la carte? Das gibt es wirklich nicht überall. Zum Glück aber im **KaffeeKunst Ratscafé** (Niederwall 12). Die hungrige Zielgruppe sagt Danke! www.ratscafe.de

Kaffee und Kuchen – der Sonntagsklassiker!

Du bist ein süßer Zahn und obendrein noch ein Freund des Kaffeeklatsches? Dann wird Dich sicher interessieren, wo Du in Bielefeld den besten Kuchen zum Nachmittagskäffchen bekommst. Denn das ist mitunter die wichtigste Zutat für den Sonntagnachmittag!

Drei Filialen des **Café Knigge** stehen Dir in Bielefeld zur Verfügung (Bahnhofstr. 13, Niedernstr. 15 und Oberstr. 33). Die haben auch am Sonntag eine gigantische Auswahl an Kuchen und Gebäck zu bieten. Da die Entscheidung bei der großen Vielfalt ziemlich schwer fällt, empfiehlt es sich, ein gewisses Kaloriendefizit mitzubringen. Das Knigge ist übrigens bereits über 100 Jahre alt! www.cafe-knigge.de

Das **KaffeeKunst Ratscafé** (Niederwall 12) gegenüber dem Rathaus serviert in zentraler Lage nicht nur an Sonntagnachmittagen leckere Kuchen und Torten. www.ratscafe.de

--> s. auch „Heißgetränk gefällig?", S. 103

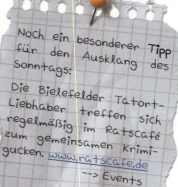

Noch ein besonderer Tipp für den Ausklang des Sonntags:

Die Bielefelder Tatort-Liebhaber treffen sich regelmäßig im Ratscafé zum gemeinsamen Krimigucken. www.ratscafe.de
--> Events

Mitten in der Natur verköstigt das **Café im Bauernhausmuseum** (Dornberger Str. 82) seine Besucher. In einer ehemaligen Scheune auf dem Museumsgelände sitzt man zwischen Flora und Fauna bei selbstgebackenem Kuchen oder Torte. Kaffee gibt's natürlich auch.
www.bielefelder-bauernhausmuseum.de

--> Willkommen --> Café

Der Sonntagsspaziergang

Dieser Beschäftigung kommt in Ostwestfalen praktisch jeder nach, der nicht gerade im Bett liegt, um seinen Kater zu kurieren.

Wer nach familienfreundlichen Zielen für das sonntägliche Outdoor-Vergnügen sucht, sollte den **Obersee** bzw. die **Johannisbachtalsperre** ansteuern. Von der Endhaltestelle der Stadtbahn-Line 1 aus kannst Du den Weg durch den kleinen historischen Stadtkern von Schildesche nehmen. Von dort aus geht's dann direkt über die Talbrückenstraße zum See.

Ein Spaziergang am Ufer entlang ist zu jeder Jahreszeit reizvoll und hinter dem Viadukt darfst Du zu passender Saison auch selbstständig gegen kleines Geld saisonale Blumen schneiden. Wer gerne den Schläger schwingt, kann den Ausflug mit einer Partie Minigolf verbinden.
www.minigolf-bielefeld.de

--> s. auch „Minigolf", S. 129

Ein Rundgang durch den **Tierpark Olderdissen** in Gadderbaum ist für den Tierliebhaber ein absolutes Muss. Heimische Wald- und Wildtiere vom Greifvogel bis zum Wildschwein sind dort zu sehen.

Wer aber den Streichelzoo bevorzugt, kann sich auch am Ziegenfüttern und -kraulen erfreuen. Besondere Aufmerksamkeit haben sicher die niedlichen, sympathischen Murmeltiere verdient. Der Clou: Der Besuch ist kostenlos. Hier, im Bezirk Gadderbaum, kannst Du generell jede Menge Zeit in der Natur verbringen. Wandern (z.B. bis zu den Burgmauern der Hünenburg), Joggen oder Waldspaziergänge rüber nach Schildesche – geht alles! www.bielefeld.de

> Wenn Du ein Technik-Freak bist und GPS für Dich kein Fremdwort ist, dann dürfte Dir das **Geocaching** in und rund um Bielefeld gefallen. An fast allen touristischen Zielen gibt es die kleinen Schätze zu entdecken und oftmals sind sie an Orten platziert, die einen besonderen Ausblick bieten.

--> Umwelt Natur Klima
--> Heimat - Tierpark Olderdissen

Spazierengehen ist Dir nicht sportlich genug? Dann rauf auf den Wanderweg E1, der auch als Hermannsweg bekannt ist (benannt nach Hermann, dem Cherusker) und Dich neben der Sparrenburg an diversen Sehenswürdigkeiten vorbeiführt. www.hermannsweg.de

Ausflüge in die Umgebung

Von Bielefeld hast Du inzwischen schon genug gesehen? Dann wird es Zeit, den Rest von Ostwestfalen etwas genauer zu erkunden. Hier ein paar Tipps für diejenigen, die sich weiter rauswagen wollen:

Was das wichtigste Wahrzeichen der Ostwestfalen betrifft, so sind sie sich einig. Das kann nur Hermann, der Cherusker sein! Ihm wurde selbstverständlich im Teutoburger Wald auch ein Denkmal errichtet. Den Weg dorthin überwindest Du am schnellsten mit dem Auto. Bist Du stolzer Besitzer eines Navis, gibst Du einfach Detmold

brunchen Kirche Spaziergang
Kühlschrank leer

als Ort und als Straße „Grotenburg" ein und lässt Dich hinleiten. Hast Du nichts mit Motor, dann fährst Du mit dem Zug bis Detmold und steigst dann in die Touristik-Linie 792 um, die Dich bis zum Parkplatz des **Hermannsdenkmals** bringt. Danach ist es nur noch ein Katzensprung bis zum schönsten Ausblick über Detmold. Achtung! die Linie fährt nur an Wochenenden und Feiertagen.
www.kvg-lippe.de -->Touristisches Buslininennetz --> Linie 792

Auf dem Rückweg lohnt sich ein Abstecher ins Zentrum. Die wunderschöne Altstadt solltest Du Dir nicht entgehen lassen! Du hast Dich verlaufen? Sprich getrost einen eingeborenen Detmolder an, der gibt sein Wissen über die Heimatstadt gern weiter.
www.detmold.de

Durchschnittlich zehn Minuten brauchst Du mit dem Zug, der zwei bis drei Mal in der Stunde von Bielefeld aus nach **Gütersloh** fährt. Bist Du früh unterwegs, lohnt der Weg zur „Weberei" an der Bogenstraße. Das ist das Kulturzentrum der Stadt, wo ab 10.00 Uhr ein leckeres Frühstücksbuffet mit Kaffee-Flatrate wartet.

Gesättigt und gestärkt kann es weiter in Richtung Stadtpark gehen. Einfach die Bogenstraße weiter, bis Du auf die Dalkestraße kommst. Die geht dann im Süden in die Parkstraße über und bald bist Du da. Wenn Du den Stadtpark komplett durchkämmst, wirst Du auch den Botanischen Garten und die Minigolfanlage entdecken. Und da lauert sie, die schwierige Entscheidung: Tobst Du Dich lieber beim Bahnengolf aus oder widmest Du Dich doch einem Stück Kuchen im Palmenhaus? www.palmenhaus-guetersloh.de

Bielefeld   **Bielefeld?**

endlich   endlich   endlich

//168 Sonntage   brunchen **Kirche** flanieren Ausflüge geschlossen

Wem am Sonntag der Sinn nach Kunst steht, der sollte sich auf den Weg nach Herford machen. Dort wartet **Marta** (Goebenstr. 2-10) auf Dich. Hinter dem Namen versteckt sich nicht die lang verschollene Großtante, sondern das Museum für zeitgenössische Kunst und Design. Neben dem spektakulären Gebäude von Frank Gehry ist auch die Sammlung Marta sehenswert (wechselnde Ausstellungen finden dort natürlich ebenfalls statt). www.marta-herford.de

Als außergewöhnliche Natursehenswürdigkeit sind sie bekannt, die zu Horn-Bad Meinberg gehörenden **Externsteine**. Die überaus eindrucksvolle Sandsteinformation erwanderst Du am besten über den Hermannsweg. Zur Walpurgisnacht und zur Sommersonnenwende werden die Externsteine als Kult-Ort besonders gut besucht – leider gern auch mal von Neonazis ... www.hornbadmeinberg.de
--> Externsteine

Wer schon mit dem Zug aus Richtung Hannover/Minden nach Bielefeld gereist ist, hat es vermutlich längst entdeckt: Das **Kaiser-Wilhelm-Denkmal** an der Porta-Westfalica. Am äußersten Ende des Wiehengebirges thront es erhaben und weithin sichtbar. Von dort oben hast Du einen herrlichen Panoramablick. Die Weser und die Stadt Porta Westfalica liegen Dir zu Füßen.
www.portawestfalica.de

Du hast noch nie weiße Tiger oder Löwen gesehen? Dann rein ins Auto und ab nach Schloß Holte-Stukenbrock (so heißt die Ortschaft) in den **Zoo Safaripark Stukenbrock**. Die ungewöhnlichen Wildkatzen leben in großen Freigehegen, die mit dem Auto durchfahren werden können.

Der angegliederte Freizeitpark ist eher für Kinder gedacht, aber auch für Dich ist bestimmt das ein oder andere magenfolternde Fahrgeschäft dabei. Den Park kannst Du von Anfang April bis Ende Oktober besuchen. www.safaripark-stukenbrock.de

Einkaufen an Sonn- und Feiertagen

Feiertage

Wer gerne shoppen geht und Menschenmassen nicht scheut, sollte sich an NRW-Feiertagen über die Landesgrenze hinweg nach Niedersachsen, z.B. in das knapp 40 Minuten entferne Osnabrück, trauen. Die schnuckelige Innenstadt ist dann meist prall gefüllt mit Ostwestfalen, der Ausflug lohnt aber, denn die Einkaufsstraßen bieten ein abwechslungsreiches Angebot.

Für den Notfall

Gähnende Leere im Kühlschrank und nicht mehr genügend Bares, um auswärts essen zu gehen? Am Sonntag in Bielefeld an Lebensmittel zu kommen ist zugegebenermaßen eher schwierig. Wenn Du nicht gerade zentral wohnst, kann die Tankstelle an der Ecke Deine Notlösung sein. Die hat nichts Passendes im Angebot? Da bleibt Dir wohl nur der Weg in die Innenstadt.

Rund um die Ausgänge der neuen Fußgängerzone findest Du diverse „Drug-Stores", die auch am Sonntag mit einem kleineren oder größeren Lebensmittelangebot dienen können. Spaghetti mit Tomatensauce und den bereits empfindlich vermissten Liter Milch bekommst Du aber bei allen. Besonders große Auswahl hast Du bei **Rodis Mini Market** (Herforder Str. 31), wo Du Konservendosen, Obst, Gemüse, Brot und vieles mehr bis spät in die Nacht einkaufen kannst.

Für das Sonntagsfrühstück empfiehlt sich ein kleiner Ausflug zur **Bäckerei** am Bahnhof. Die kann Dir mit wahlweise belegten Brötchen, Brot, süßem und herzhaftem Gebäck den Tag retten – und Dich vorm Verhungern.

Eltern

Sightseeing
Touris
Touris
Touris

Sight

aufräumen

▲▲▲ ▲ **▲▲ aufräumen**
aufr umen
aufräumen

Sig

Besuch? Tourikram ...

//172 Besuch? Tourikram ...

Der beste Beweis dafür, dass man Bielefeld doch auf der Landkarte finden kann, ist spätestens dann erbracht, wenn der liebe Besuch vor der Tür steht. Am besten völlig spontan und unangekündigt. Jetzt muss eine Eingebung her, schließlich wollen die Gäste etwas von der Stadt zu sehen bekommen. Hier ein paar Tipps, mit deren Hilfe Du den Tag gut rumbekommst und Deinem Besuch hoffentlich beweisen kannst, dass Bielefeld mehr als nur eine Reise wert ist:

> Die Bielefelder Tourismus Card ist immer eine gute Idee. Mit der Karte im Gepäck fährst Du kostenlos mit Bus und Bahn, hast freien Eintritt in verschiedene Museen und genießt die eine oder andere Veranstaltung zum ermäßigten Preis. Einfach mal in der Tourist-Information im Neuen Rathaus beraten lassen. Es lohnt sich definitiv für Deine Gäste!

Stadtführungen & Spaziergänge

Bielefeld ist eine sehr touristenfreundliche Stadt. Das merkst Du nicht zuletzt an den vielen Angeboten für Stadtführungen. Du kannst den Ort mit dem Fahrrad erkunden („Per Rad durch Bielefeld"), Dir die Entwicklung des Industriestandorts Bielefeld seit dem Mittelalter aus Perspektive der Frau erläutern lassen („Frauenwelt in Bielefeld") oder während eines zweistündigen Rundgangs diverse Skulpturen und Kunstobjekte entdecken, die das Bielefelder Stadtbild kennzeichnen („Skulpturen, Plastiken und Portale").

Die **Sparrenburg** darf man natürlich auf keinen Fall auslassen. Das Wahrzeichen Bielefelds thront majestätisch und erhaben über der Stadt. Empfeh-

lenswert ist in diesem Zusammenhang die Führung „Von der Burg auf die Stadt geschaut". Hier wird während einer rund zweistündigen Wanderung die Sparrenburg erklommen und das Stadtbild von oben erklärt. Du kannst die Burg aber natürlich auch ohne Führung erobern. All das und noch viel mehr auf: www.bielefeld.de

--> Stadtführungen --> Themenführungen

Ganz vorne auf der Liste mit den „Familienfreuden" steht der **Tierpark Olderdissen**. Der so genannte Heimattierpark besticht zwar nicht mit Exoten, aber dafür ist der Einlass hier kostenlos (!!!).

--> s. auch „Sonntage", S. 165

Der Tierpark setzt auf moderne Tierhaltung und attraktive Anlagen. Mit mehreren Ebenen und 15 Hektar Fläche lädt er zum Staunen und Wandern ein. Für das leibliche Wohl sorgt die Gastronomie Meierhof, die sowohl den kleinen als auch den großen Hunger stillt. Im Sommer öffnet ein Biergarten und am kleinen Pavillon nahe dem großen Spielplatz gibt's außerdem Bratwurst und Pommes Schranke.
www.bielefeld.de

--> Umwelt Natur Klima
--> Tierpark Olderdissen

Bei goldigem Wetter ist ein Spaziergang durch den direkt angrenzenden Teutoburger Wald ein Muss. Eine kleine Wanderung zur Ruine des **Jostbergklosters** hat die perfekte Länge für Stadtmenschen, die daran erinnert werden möchten, was die Worte

//174 Besuch? Tourikram ...

„frische Luft" eigentlich noch mal genau bedeuten. Die Ruine ist ab dem Tierpark Olderdissen ausgeschildert.

Wer nichts von Klosterruinen hält und dennoch einem ausgiebigen Waldspaziergang nicht abgeneigt ist, macht sich direkt vom Tierpark Olderdissen auf zum **Botanischen Garten**. Hier wartet eine umfangreiche Sammlung an Grünzeug darauf, entdeckt zu werden. Besonders fotografieinteressierte Menschen finden allerhand vielversprechende Motive. Ein weiterer riesiger Flecken Grün in Bielefeld. www.bielefeld.de --> Umwelt Natur Klima
--> Botanischer Garten

Noch mehr Grün? Der **Japanische Garten** in Bielefeld ist, schenkt man den Kennern der Materie Glauben, der Edo-Zeit nachempfunden und ebenfalls einen Besuch wert. Kost nix!

Mit dem Begriff „Edo-Zeit" bezeichnet man übrigens die Periode zwischen 1603 und 1868 in Japan. Damals herrschten die Tokugawa-Shogune im Land. Die müssen einiges richtig gemacht haben, denn diese Periode war die längste ununterbrochene Friedenszeit eines Landes seit Beginn der Neuzeit. www.bielefeld.de --> Tourismus Sehenswürdigkeiten
--> Parks und Gärten

„Oh Gott, die Füße tragen uns nicht mehr!" Kein Problem, auch daran wurde gedacht. Das **Sparrenmobil** (ein kleiner lustiger Zug mit Bereifung) kurvt von Frühjahr bis Spätsommer durch Bielefeld und klappert die Haltestellen an diversen Sehenswürdigkeiten ab. Wer also beim Sightseeing schlapp macht, springt schnell auf. Tickets gibt's direkt beim Lokführer. Die Fahrtroute ist online auf www.mobiel.de

--> Services --> Freizeittipps --> Sparrenmobil

Wenn es mal wieder regnet

Wenn mal wieder ein Wolkenbruch den anderen ablöst (und das ist ja gar nicht so unwahrscheinlich in Bielefeld), sollte sich das Geschehen am besten nach drinnen verlagern. Hat sich der Besuch dankbarerweise angekündigt, empfiehlt sich eine Anmeldung für die Führung durch die hiesige **Dr. Oetker Welt**. Fast drei Stunden dauert die Veranstaltung, während der man sich fühlen darf, wie Charlie in der Schokoladenfabrik. Nach dem Rundgang bist Du möglicherweise einige Kilos schwerer. Dafür aber weißt Du aber endlich, wo das Frühstücksmüsli herkommt. www.oetker.de

--> Dr. Oetker Welt

Liebhaber von Kunst und Kultur sind in Bielefeld immer willkommen und hier gibt es wirklich viel zu entdecken.

--> siehe „Kultur und so", S. 180

Ein guter Tipp ist das **Museum Huelsmann** im Ravensberger Park. Es befindet sich in der prachtvollen Direktorenvilla der ehemaligen Spinnerei und hält Kunstobjekte verschiedenster Epochen bereit. Eine Sammlung von Weltrang, die international geschätzt wird. www.museumhuelsmann.de

Alternativen zum üblichen Sightseeing?

Alte Gemäuer und ellenlange Vorträge über Menschen, die schon lange tot sind, sind nicht das Richtige für Deinen Besuch? In Bielefeld geht's auch lebendiger. Ein paar Gründe, um gute alte Freunde und Familie nach Bielefeld einzuladen:

Eine ausgelassene Zeit mit der Clique verbringt man zum Beispiel auf der **Bielefelder Kartbahn**. Mit den kleinen, heißen Öfen kannst Du hier richtig Gas geben. Vorsicht! Wild variierende Öffnungszeiten! www.kartbahn-b68.de

//176 Besuch? Tourikram ...

Ein weiteres Aktionshighlight ist der **Bielefelder Kletterpark**. Hier geht es nicht um die schnellste Rundenzeit oder darum, dem anderen zwischen die Augen zu zielen, sondern um gepflegte Teambildung und die Stärkung des eigenen Selbstbewusstseins. Mitten in der Natur und auf dem Johannisberg gelegen, hangelt man sich mit seinen Freunden durch mehrere Kletter-Parcours. Ein echtes Abenteuer, auch für die ganze Familie.
www.interakteam.de

--> kletterparks
--> kletterpark Bielefeld

Was auf den ersten Blick vielleicht etwas schräg klingt, birgt auf den zweiten doch einiges an Spaßpotenzial. Die **Bielefelder Paintballarena** garantiert knallbuntes Ballervergnügen. Du musst 18 sein und solltest weder Handschuhe noch Mütze, Wechselkleidung oder festes Schuhwerk vergessen, wenn Du Dich auf den Weg machst. Achtung! Montags geschlossen, da wird die Farbe weggeputzt ... Wie Du da hinkommst und was es kostet erfährst Du hier:
www.paintballarena-bielefeld.de

Einfach mal chillen, quatschen und plantschen wie in guten alten Zeiten? Dann ab ins **Ishara**. Das Freizeit- und Sportbad hat rund ums Thema Wasser eine Menge zu bieten. Der perfekte Ort, um die Seele baumeln zu lassen. Das Motto „Baden wie in 1001 Nacht"

wird hier höchsternst genommen. Auch für Saunafreunde empfehlenswert. www.ishara.de

Spannung pur UND nebenbei Bielefeld kennenlernen? Auch das geht. Dank Mobiel und der jährlichen Veranstaltung **Bielefeld jagt Mr. X** (für Erwachsene!). Das Spielprinzip erinnert stark an das Brettspiel Scotland Yard. Ein Mr. X. cruist durch Bielefeld und gibt Hinweise, wo er sich aufhält. Die Gruppe der Suchenden muss ihn ausfindig machen und darf umsonst quer durch die ganze Stadt brettern. Ist der Übeltäter gefunden, düst man abschließend und exklusiv gemeinsam mit den Teams im Sparren-Express durch die Stadt. www.mobiel.de --> Aktuelles --> Veranstaltungen --> Bielefeld jagt Mr. X

"What about Wandern?" In Bielefeld und Umgebung wird gewandert, was das Zeug hält. Nicht auszuschließen also, dass euer Besuch mit Wanderhut und Wanderstock vor der Tür steht. Plane am besten im Vorfeld genau, wie lang eure Route sein soll und welche Art von Strecke Dir und Deinen Gästen gefallen könnte. Jede Menge Tipps und Wanderwege unter: www.mobiel.de --> Wanderwege

Tipps s. auch „Ausflüge in die Umgebung", S. 166

Besuch(en) macht hungrig!

"Und wo essen wir?" Soll's ein Kaffee oder ein Bierchen sein, entführ Deinen Besuch doch zum **Alten Markt**. Dort gibt es schließlich genügend Auswahl und im Sommer sitzt es sich hier einfach prächtig. Wer gutes Essen mit weitem Ausblick verbinden möchte, wird im **Bernstein** (Niederwall 2) fündig. www.bernstein-live.de

Willst Du lieber Deinen Gästen die Auswahl überlassen, dann bring sie in die **Arndtstraße** oder an den **Boulevard**, wo es eine große Auswahl an Restaurants gibt.
--> Tipps s. auch „Essen unterwegs", S. 78

Soll es aber mal richtig westfälisches Essen geben (man muss abwägen, was dem Besuch zuzumuten ist), kann man seine Leute

//178 Besuch? Tourikram ... Besuch Sightseeing Touris Eltern aufräumen

auch ins **Möpken** (Im Stift 5) entführen. Im umgebauten westfälischen Bauernhaus ist es gesellig hoch zehn! Wenn es sommert, führt kein Weg am schönen Biergarten vorbei.

Eine zweite Empfehlung gibt's auch noch; und zwar den **Erbsenkrug** (Johannisstr. 11). Auch hier serviert man in 100 Jahre alten Mauern und in westfälischer Tradition. Besonders zur kalten Jahreszeit empfiehlt sich das Gericht „Zur Freude des Westfalen".

Auch im Erbsenkrug gibt's einen tollen Biergarten. Für einen großen Verdauungsspaziergang kann man von beiden Restaurants aus zum **Obersee** latschen und dem Besuch Bielefelds ganzen Stolz präsentieren.

Wenn Du das mit dem westfälischen Essen auf die Spitze treiben willst, mach mit Deinen Leuten das **Pickert-Diplom**. Ostwestfälischer geht's dann aber auch wirklich nicht mehr. Wenn man während des Workshops im Seekrug am Obersee jedoch eines lernen kann, dann, dass Pickert mehr ist als nur ein schlichter Kartoffelpfannkuchen.

Das große Pickert-Buffet wird (nach schweißtreibender Zubereitung) jeden Gast von Bielefelds kulinarischen Qualitäten überzeugen. Anmeldung erforderlich! www.seekrug.com

K.o. vom Vortag?

Musisches und leibliches Wohl in einem liebevoll geschnürten Paket? Ja, das geht. Ist zwar nicht ganz billig, aber dafür gibt's eine große Theaterführung, ein qualitativ hochwertiges Essen und ein Theaterstück eurer Wahl. Der perfekte Plan B, wenn der Vortag sehr geschlaucht hat. Einfach an der **Touristen-Info** nach „Vor und hinter den Kulissen" fragen.

Souvenir gefällig?

Die Bielefelder haben durchaus Humor. Jawohl, das muss jetzt einfach mal gesagt werden! Oder warum gibt es als Souvenirs optisch super aufgemachte Regenschirme? Egal, ob Knirps oder Stockschirm, beide Varianten gibt es mit ansprechenden und stilvoll gehaltenen Bielefeld-Motiven. Ist im Zweifelsfall immer eine Top-Erinnerung, vor allem, wenn euer Besuch ein verregnetes Bielefelder Wochenende hinter und eine deftige Erkältung vor sich hat.

Für Verschmuste und Liebhaber von Blutsaugern gibt's übrigens auch die Bielefeld-Maskottchen Sparri und Kasimir in Plüschform. Es handelt sich bei den beiden um sympathische Fledermäuse zum Kuscheln. Und Sparri verdankt seinen wohlklingenden Namen natürlich dem Schlafplatz auf der Sparrenburg ... Gibt's alles bei der Bielefelder **Tourist-Information** im Neuen Rathaus, Niederwall 23!

Konzert
Konzert
Konzert
Konzert
Konzert
Konzert
Klassik
endlich
Klassik
Klassik
Klas
Konze
Poetry-Slam
Kinosessel
Poet
Theater
Poetry-Slam
Konzert
Konze
Poetry-Sla

Bielefeld wird ja gerne unterschätzt. Bielefeld? Wie? Wo? Noch nie gehört! Gibt es das überhaupt? Aus kultureller Sicht kann man auf diese unqualifizierten Kommentare entspannt und zufrieden antworten: Bielefeld hat alles! Wer sich hier langweilt, ist einfach selbst schuld. Die meisten Orte, an denen kulturelle Veranstaltungen stattfinden, liegen außerdem sehr zentral und sind im Allgemeinen gut zu erreichen.

Einige Geheimtipps verstecken sich allerdings in Nischen und Ecken, in denen besonders interessante Dinge passieren, die man aber nicht einfach so von selbst entdeckt. Zum Glück haben wir für Dich den gesamten kulturellen Kosmos der Ostwestfalen-Metropole durchstöbert.

Kino

Das ist manchmal einfach die ganz simple und direkte Antwort auf die Frage: Was machen wir heute Abend. Und Kinos gibt es in Bielefeld zum Glück genug.

Überdimensioniert und nicht immer günstig sind die Großkinos wie das **Cinemaxx** (Ostwestfalenplatz 1) und das **CineStar** (Zimmerstr. 10-14). Hier flimmern die ganz großen Stars über die Leinwand – wenn es sein muss, auch in 3D. In beiden Kinos kannst Du immer dienstags (Kinotag) zum vergünstigten Eintrittspreis Deinen bevorzugten Film anschauen. Die stupide Geschlechterrollenverteilung wird hier außerdem gepflegt: Beim CineMen-Abend im CineStar kann sich der männliche Besucher unter seinesgleichen den Actionstreifen reinziehen und dazu das Bier-Sonderangebot nutzen.

Wenn Du Dich über das aktuelle Kulturprogramm auf dem Laufenden halten möchtest, sind die beiden folgenden Seiten äußerst hilfreich:

www.erwin-event.de
www.ultimo-bielefeld.de

Zur Liebeskomödie am CineLady-Abend gibt's für die weiblichen Kinogänger ein Gläschen Prosecco. Im Cinemaxx nennen sich Kinoevents dieser Art „Männerabend" und „Ladies Night".
www.cinestar.de   www.cinemaxx.de   --> Bielefeld

Die **Kamera** (Feilenstr. 2-4) ist ein kleines Filmkunsttheater, das sich dem Programmkino verschrieben hat. Das ursprünglich 1950 an einem anderen Bielefelder Standort gegründete Kino verfügt über drei stimmungsvolle Vorführräume und punktet mit einem angenehm antiquierten Charme und tollen Preisen (jeden Montag 5,50 Euro). Unter dem Motto „Kino mit Gästen" zeigt die Kamera regelmäßig Film-Previews, bei denen Du Deine Fragen zum gerade Gesehenen direkt an den Regisseur oder Hauptdarsteller richten kannst. www.kamera-filmkunst.de

Das **Lichtwerk** (Ravensberger Park 7) bietet ebenfalls ein Independent-Programm abseits des Kommerzes. Seit 2006 befindet sich das Kino im Gebäude der historischen Ravensberger Spinnerei, mitten in einem englischen Park. Es wurde 2006 komplett saniert und präsentiert sich in ansprechender Hochglanzoptik. Nicht nur die Auswahl der gezeigten Filme spricht für sich – besonders das große Foyer macht das Lichtwerk zum perfekten Treffpunkt. www.lichtwerkkino.de

Das wohl kleinste Bielefelder Lichtspielhaus, das so genannte **Off-kino** (August-Bebel-Str. 94) öffnet nur freitags seine Tore. Dieses Mini-Programmkino wurde 2010 ins Leben gerufen und befindet sich im Filmhaus Bielefeld. Filmbeginn ist immer um 20.30 Uhr – um Pünktlichkeit wird ausdrücklich gebeten! Hier werden

//184 Kultur und so

Konzert Kinosessel
Klassik
Theater
Poetry-Slam

Klassiker und Geheimtipps (wieder) ins rechte Licht gerückt. Auf das außergewöhnliche Filmangebot des Offkinos solltest Du unbedingt einen Blick werfen, wenn Du Dich gerade für einen Kinoabend entschieden hast. Der Eintritt kostet 6 Euro. www.offkino.de

Das **Melodie Filmtheater** in Brackwede (Kölner Str. 40) führt jeden Donnerstag und Freitag in der Aula der Realschule Independent-Filme vor. Von 1954 bis 1970 war das Filmtheater noch ein echtes Kino und weil die Brackweder dieses Stück Kultur ihres Stadtteils unbedingt wiederbeleben wollten, wurden eben neue Mittel und Wege gefunden. Als cineastischen Geschichtsunterricht und unterhaltsames Feature zugleich zeigt das Melodie übrigens Ausschnitte aus der „aktuellen" Wochenschau – nur um 30 Jahre in der Zeit zurückversetzt. www.brackwede.de

s. auch „Bezirk Brackwede", S. 10

Auch in der **Uni** wird die Cineastik gepflegt. Dank der Campus-Filmreihe verwandelt sich der Hörsaal 1 montags in ein Lichtspielhaus. Das Programm ist äußerst vielfältig und bietet Dir gute Unterhaltung zum Spottpreis von 1,50 Euro. Das Einzige, das stört, sind die nicht gerade bequemen Klappsitze aus astreinem Pressholz. Wenn Du ein Sitzkissen und Deine Kuscheldecke mitbringst, wird es aber bestimmt ein gelungener Kinoabend. www.unifilm.de

--> Studentenkinos --> Bielefeld

Open Air-Kino

Im Sommer findet auf dem Gelände der ehemaligen Flachsspinnerei im Ravensberger Park die Open-Air-Veranstaltung **Luna Kino** statt, bei der Du unmittelbar nach Sonnenuntergang einen Film im Freien anschauen kannst. Die Karten gibt's für 6,50 Euro und

Auch in der unmittelbaren Umgebung gibt es Kinos, deren Programm man mal ins Auge fassen kann. Die Lichtspielhäuser in Bad Oeynhausen, Herford und Gütersloh sind alle direkt am Bahnhof gelegen und mit dem Zug in 20 bis 30 Minuten zu erreichen. Wenn also nur dort der Wunschfilm läuft, ist das halb so wild.

ausschließlich an der Abendkasse. Das aktuelle Programm und die Start-Termine findest Du unter: www.lunakino.de

Theater

Sein oder nicht sein? Existenzielles und Verwerfliches, Klassiker im Aufwind der Moderne – so oder ähnlich kannst Du Dir die Bielefelder Theaterlandschaft vorstellen. Freu Dich auf eine rege und experimentierfreudige Aufführungskultur, die sich wirklich sehen lassen kann. Oper, Musical, Theater, Tanztheater – all das wird in den beiden großen Spielstätten der Stadt geboten.

Das große **Theater Bielefeld** (Brunnenstr. 3-9) und das **Theater am Alten Markt** (Alter Markt 1) haben ein breit gefächertes Programm und sind zudem prachtvolle Behausungen für gekonntes Schauspiel.

Hier treffen beispielsweise Kirche und Theater aufeinander, wenn im sonntäglichen Gottesdienst in der Süster-Kirche das selbe Thema aufgegriffen wird wie abends in der Soirée im Theater. Ob Seminare zum Thema „Kunst des Führens" gemeinsam mit den Berliner Philharmonikern, Kinder-Theater, das Abo für Blinde und Sehbehinderte, Konzerte oder Tanzstücke – da bleiben keine Wünsche offen. Und auch von außen können sich Stadttheater und TAM (Theater am Alten Markt) sehen lassen.

Das **Stadttheater** präsentiert eine gelungene Mischung aus Barock und Jugendstil. Es wurde im Jahre 1904 mit Schillers „Jungfrau von Orléans" eröffnet. 2006 konnten die Bielefelder nach groß angelegter

Um Dir einen Überblick über die Vielfalt der Bielefelder Kulturveranstaltungen zu verschaffen, lohnt sich ein Gang zur **Touri-Info** (Niederwall 23).

Dort liegen nicht nur eine Menge Programmhefte der unterschiedlichen Bühnen der Stadt aus, die sympathische Mannschaft der Touri-Info ist außerdem äußerst hilfsbereit und weiß stets Rat.

Renovierung die Wiedereröffnung ihres Theaters feiern. Seitdem finden jährlich um die 500 Veranstaltungen statt, was die Institution zu einem der wichtigsten Spielorte der Umgebung macht.

Das **TAM** ist mal so richtig alt. Es handelt sich bei ihm um das ehemalige historische Rathaus von 1538, das Kellergewölbe, in dem sich heute eine Weinstube befindet, ist sogar noch älter! Hier war schon alles drin: Die öffentliche Bücherei, das Haus der Völkerverständigung, das Sprech-Theater und die Volkshochschule. www.theater-bielefeld.de

Ein sehr jugendorientiertes Programm, von dem sich aber auch Erwachsene angesprochen fühlen dürfen, bietet das **Alarm-Theater** (Gustav-Adolf-Str. 17). Mit viel Idealismus und Experimentierfreude führt es z.B. besondere Projekte mit Jugendlichen oder Menschen mit Migrationshintergrund durch.

Da es sich beim Alarm-Theater nicht zuletzt um eine Schmiede für zukünftige Nachwuchsschauspieler handelt, kannst Du hier womöglich auch den einen oder anderen angehenden Star auf der Bühne bewundern. Die aufgeführten Stücke sind häufig schön gesellschaftskritisch. www.alarmtheater.de

Das **Trotz-Alledem-Theater** (Feilenstr. 4) ist eine etablierte Institution, die sich mit ihrem Programm ebenfalls an Kinder und Jugendliche richtet und nicht nur im eigenen Haus zu sehen ist, sondern sich auch auf den Bühnen von Schulen, Kindergärten und Jugendzentren wohlfühlt. Comedy wird hier übrigens groß geschrieben! Einen Auftritt des Komödianten und Kabarettisten Heinz Flottmann solltest Du Dir nicht entgehen lassen: Er verkörpert den westfälischen Humor wie kein Zweiter.
www.trotz-alledem-theater.de

Ebenfalls im Theaterhaus in der Feilenstraße ist mittlerweile die Heimat des **Mobilen Theaters**. Es ist jahrelang herumgereist, und hat, trotz des festen Standorts heute, den Namen beibehalten. Ein professionelles Ensemble sorgt für die hohe Qualität der Aufführungen, die von Klassikern bis zu aktuellen Stücken reichen. Der Zuschauerraum ist zwar klein, lässt jedoch eine ganz besondere Atmosphäre entstehen.
www.mobiles-theater-bielefeld.de

Das **Kleine Theater Bielefeld** (Ravensberger Park 1) macht zwar seinem Namen alle Ehre, aber dort wird mächtig was auf die Beine gestellt. In Zusammenarbeit von Profis und Amateurschauspielern entstehen durchschnittlich vier sehenswerte Stücke im Jahr, die von modern und sozialkritisch bis zum Musical reichen.
www.kleines-theater-bielefeld.de

Ein Geheimtipp unter den Schauspielhäusern ist das **Theaterlabor** (Herrmann-Kleinewächter-Str. 4), ein sogenanntes Off-, oder auch freies Theater. Hier geht man wirklich unkonventionelle Wege. Wer Schauspielern gerne beim Experimentieren zusieht, kommt voll auf seine Kosten. Körperarbeit wird im Theaterlabor ganz groß geschrieben und das merkst Du den Aufführungen an. Das Ensemble lässt sich beispielsweise stark von der Commedia dell'arte oder vom asiatischen Tanz inspirieren. Hier können außerdem Straßentheater-Produktionen für verschiedene Einsatzorte gebucht werden.

Das Ensemble präsentiert z.B. performative Installationen in verschiedenen Museen und arbeitet dabei genreübergreifend. Das führt auch dazu, dass beispielsweise Rockbands, Spielmannszüge, Volkstanzgruppen oder Kampfsportler in die Aufführungen integriert werden. Das Theaterlabor ist wirklich außergewöhnlich!
www.theaterlabor.de

Es ist ein ganz, ganz großer Theaterskandal: Das größte Theater der Region steht nicht in Bielefeld – sondern in Detmold! Das kleine Städtchen ist natürlich stolz auf sein großes **Landestheater**. Für das spannende und anspruchsvolle Programm sorgt nicht zuletzt sein gutes Musiktheater-Ensemble. Außergewöhnlich ist hier, in welchem Maße sich das Theater dafür einsetzt, dass das auf den Rängen Erlebte nicht an der Garderobe liegen bleibt.

Wie kannst Du Gefühle und Gedanken, die während der Aufführung sehr präsent waren, mit in Deinen Alltag nehmen? Beispielsweise, indem Du das Nachtcafé besuchst. Hier lädt das Theater zum Expertengespräch ein. Es ging im Stück um Mord und Totschlag? Dann kommt vielleicht ein Kriminologe zu Wort. Der Mensch in der Krise steht im Mittelpunkt? Da ist es möglicherweise spannend, einem Psychiater zu lauschen und Fragen zu stellen.

Oder Du besuchst unter dem Motto „Mitreden" ein Publikumsgespräch. Der Vorhang fällt und alle Fragen sind offen, Du platzt fast, vor lauter Gefühl, das kennt wohl jeder. Wie wohltuend ist es da, noch ein bisschen auf dem plüschigen Stuhl sitzen zu bleiben und mit dem Sitznachbarn oder den Darstellern diskutieren zu dürfen!

Auch Theaterpädagogik ist ein großes Thema. Ob Unterstützung für die Theater-AG an der Schule, Schulpartnerschaften oder Besuche des Ensembles an Schulen und Kindergärten – hier können schon die Kleinsten erleben, was für eine feine Sache es ist, das ganze Theater! www.landestheater-detmold.de

Konzerte

Wenn Du Musikliebhaber bist, weißt Du natürlich, dass Dir ein Abend mit einem richtig guten Live-Programm ein tagelanges Hochgefühl vermitteln kann. Wenn nicht, wird es höchste Zeit, diese Erfahrung nachzuholen! In Bielefeld jedenfalls wird aufstrebenden Musikern genauso wie den etablierten an verschiedensten Orten eine Bühne zur Verfügung gestellt, vor die Du Dich dann stellen oder setzen darfst, um zu lauschen. Wie in allen Städten füllen auch hier die musikalischen Top-Acts zumeist die großen Konzertsäle.

Eine spannende Location dieser Kategorie ist z.B. der **Ringlokschuppen** (Stadtheider Str. 11). Die von 1905 bis 1907 fertiggestellte Halle wurde im Jahr 2003 neu eröffnet. Seitdem parken hier natürlich keine Züge mehr – stattdessen wird das Haus ordentlich gerockt! Vor allem für Disconächte und Konzerte lohnt sich der Weg hierher.

Und während Du zu der Musik der Söhne Mannheims zappelst oder die „Super-Cocktail-Nacht" besuchst, solltest Du mal einen Blick auf das Interieur werfen. Denn den Architekten war und ist es ein

//190 Kultur und so

Konzert Kinosessel
Klassik
Theater
Poetry-Slam

Anliegen, die alte Bausubstanz mit moderner Architektur zu kombinieren – und das merkst Du auch! Ob Kleine Halle, Große Halle oder Club: Der Ringlokschuppen ist eine Party-Location, an der Du in Bielefeld nicht vorbeikommst. www.ringlokschuppen.com

Auch das bunt gemischte Programm der **Seidensticker-Halle** (Werner-Bock-Str. 35) und der **Stadthalle** (Willy-Brandt-Platz 1) hat vom Indie-Rock-Hero und den aktuellen Senkrechtstartern bis zum Comedy-Halbgott jede Menge zu bieten. Und vor Ort findest Du nochmal ganz andere Dimensionen vor als im vergleichsweise gemütlichen Ringlokschuppen: Über 7.000 Menschen passen in die Seidensticker-Halle! Auch hier ist das angebotene Programm sehr vielfältig. Du kannst Veranstaltungen wie „Das Feuerwerk der Turnkunst" besuchen, bei Bülent Ceylans Witzen in die Bestuhlung beißen oder Dir verschiedene Vorträge des Studentenwerks antun. Oder soll's doch lieber die Militär- und Blasmusikparade sein?
www.stadthalle-bielefeld.de

Seidenstickerhalle

Die weniger bekannten Künstler aus den verschiedenen Bereichen der Rockmusik demonstrieren ihr musikalisches Können häufig im **Jugendzentrum Kamp** (Niedermühlenkamp 43), im **Falkendom** (Meller Str. 77) oder auch in der Diskothek **Movie** (Am Bahnhof 6). Hier ist nicht nur das Programm überzeugend, die Getränkepreise können ebenfalls

Ein Blick nach Halle auf das Programm des **Gerry Weber Stadio**(n)s (Roger-Federer-Allee 2) lohnt si(ch). Denn hier gibt's nicht nur Liv(e) Sport zu sehen, sondern vor Ort fi(n)den auch Messen, Ausstellunge(n), Kongresse, Konzerte und andere Ver(-)anstaltungen statt. Du kanns(t) z.B. der Spider Murphy Gang lau(-)schen oder auch mal ein Musical besuchen. Das Besondere am Gerr(y) Weber Stadion: sein luftiger Zelt-Charakter

www.gerryweber-eventcenter.de

mithalten! Vor allem jüngere Musikfreunde und viele lokale Bands fühlen sich fast wie zu Hause. Es schadet nie, das jeweilige Programm im Auge zu behalten – auch wer auf Comedy oder Autorenlesungen steht, wird nicht enttäuscht.
www.jz-kamp.de www.falkendom.de
www.movie-bielefeld.de

Stadthalle Bielefeld

Das **Forum** (Meller Str. 2) verdient eine besondere Erwähnung. Ursprünglich hieß es „Forum Enger", nach der Kleinstadt, in der es von jungen Leuten mangels kultureller Angebote gegründet wurde. Hier standen schon Künstler auf der Bühne, die bald darauf zu den ganz großen im Rock-Zirkus zählten. Nicht nur die Toten Hosen, auch Nirvana haben hier bereits Eindruck hinterlassen, bevor sie die großen Konzerthallen füllten.

Nach über 23 Jahren, an Silvester 1998, musste das Forum Enger schließen. Glücksfall für Dich: Es zog nach Bielefeld in die alte Bogefabrik (hier wurden früher Kompressoren hergestellt) und heißt seitdem „Forum Bielefeld". Das Forum ist ein Verein, der ohne die Unterstützung durch die Stadt oder das Land funktioniert und dessen Mitarbeiter ehrenamtlich tätig sind. Wenn Du ein Freund der Rockmusik bist, wirst Du dem Forum bestimmt einen Besuch abstatten – und Dich auch hier über die fairen Getränke-Preise freuen. www.forum-bielefeld.com

Du lässt Dich gerne überraschen? Du hast keine Angst vor dem Ungewissen? Dann wirst Du Dich im **Herford Unplugged** (Engerstr. 82) bestimmt wohlfühlen. Das Konzept lautet: „Kein Eintritt, keine Gage, keine Erwartungen". Jeder, der will, darf sich auf der Bühne eine Viertelstunde lang präsentieren. Wenn Du der Meinung bist, dass Du selbst was drauf hast, nimm die Gelegenheit wahr und zeig, was Du kannst. Einziger Nachteil: Du musst eben nach Herford fahren. www.herford-unplugged.de

Klassische Musik

Die **Rudolf-Oetker-Halle** (Lampingstr. 16) genießt ein besonderes Renommee – nicht zuletzt dank der besonderen Architektur des Gebäudes, die eine Spitzenakustik zaubert. Die Bielefelder Philharmoniker sind hier zu Hause, aber auch national und international berühmte Gäste werden gerne eingeladen. Für das breit gefächerte Programm stehen ein großer und ein kleiner Saal zur Verfügung.

Und ganz nebenbei noch was Historisches: Nicht nur Kurt Masur und der große Karajan haben sich hier schon die Ehre gegeben – als sich das Programm der Rudolf-Oetker-Halle nicht mehr nur auf klassische Musik beschränkte, konnte man auch die Hilde Knef und Gilbert Bécaud auf der Bühne bewundern. Heute gehören Kabarettveranstaltungen ebenfalls dazu. www.rudolf-oetker-halle.de

Junge, ambitionierte Musiker bei ihrem Handwerk beobachten und den wunderbaren Klängen lauschen kannst Du bei den Auftritten des Uniorchesters. Dem eigenen Anspruch verpflichtet, machen die hervorragend musizierenden Studis dem Hörer die großen Werke von Haydn, Mahler und Mozart zugänglich. Aufgeführt wird meistens im Audimax der Uni. www.uni-bielefeld.de

--> Hochschulorchester

Im nicht weit entfernten Gütersloh hält das vielfältige Programm der **Stadthalle** auch viele lohnenswerte Konzerte aus dem Bereich Klassik bereit. Auf dem Veranstaltungskalender stehen aber ebenfalls Künstler aus vielen anderen Sparten. Vom Musical bis zum Kabarettabend kannst Du in der Stadthalle Gütersloh so einiges sehen und hören.
www.stadthalle-gt.de

Chöre

„Wo man singt, da lass Dich ruhig nieder ...". Das gilt auch für Bielefeld. Die Stadt verfügt über eine lebendige Chorszene mit unterschiedlichstem Repertoire.

Die **Young Voices** (Junge Stimmen Bielefeld e.V.) sind – wer hätte es bei diesem Namen vermutet – ein Chor für junge Leute. Wenn Du also noch frisch und gut bei Stimme bist, kannst Du dort um Gehör bitten. Repertoire und Probezeiten findest Du hier:
www.young-voices-bielefeld.de

Wer Auf Gospel-Gesang steht, sollte dem **Gospel Unlimited Chor** bei der Arbeit zuhören. Mit der entsprechenden Auswahl an Liedgut tritt die Gruppe vor allem in Kirchen auf. Wenn Du sie hören willst oder beabsichtigst, Chormitglied zu werden, kannst Du Dich hier informieren:
www.gospel-unlimited-bielefeld.de

// 194 Kultur und so

Konzert Kinosessel
Klassik
Theater
Poetry Slam

Auch einen A-Cappella-Chor mit langer Tradition kann Bielefeld bieten. Unter dem charmanten Namen **Quintenkomplott** werden für traditionelle Chormusik, Jazzgesang und einiges mehr die Stimmbänder zum Schwingen gebracht.
www.quintenkomplott.de

Jazz & Blues

Für Jazz, und zwar ganz viel davon und das schon seit langer Zeit, steht der **Bunker Ulmenwall** (Kreuzstr. 1) – einer der beeindruckendsten Veranstaltungsorte in Bielefeld. Um den alten Stadtbunker zu erreichen, musst Du Dich einige Stufen abwärts bemühen. Unten angekommen, fallen Dir sofort die kleine hübsche Bar und die Bühne auf, die von drei Seiten einsehbar ist. Näher als hier wird man seinen Lieblingskünstlern wohl kaum kommen können.

Ein nettes Event des Bunker Ulmenwall ist der Dienstagabend, an dem Du die unscheinBAR nicht verpassen solltest! Bei Live-Musik und günstigen Cocktails kommt die besondere Atmosphäre dieses Ortes zur vollen Entfaltung. Aber auch andere Veranstaltungen, die Du im Bunker besuchen kannst, darunter Impro-Musik-Sessions und Lesungen, sind den ein oder anderen Besuch wert.
www.bunker-ulmenwall.de

Auch in der näheren Umgebung von Bielefeld findest Du einige Veranstaltungsorte, die neben anderen Terminen etwas für den Jazz-Freund bieten:

Der **kaiserkeller** in Detmold,
www.kaiserkeller-detmold.de

Der **Jazzclub** in Minden,
www.jazz-minden.de

Die **Extra Blues Bar** (Siekerstr. 20) trägt das musikalische Spektrum bereits im Namen. Ehrlich, kernig, schmutzig kommt die Musik daher. Wer es zudem etwas schummrig mag, wird sich hier sauwohl fühlen. www.extrablues.wordpress.com

Jazz, Soul, Blues und Latin. Seit mehr als 30 Jahren lässt es der **Bielefelder JazzClub e.V.** (Beckhausstr. 72) richtig krachen. Besonders erwähnenswert ist die „smart stage", die jeden 1. und 3. Donnerstag im Monat stattfindet. Hier treffen sich Künstler aller Sparten, um beispielsweise ihr neues Programm vorzustellen. Überhaupt wird der Abend für „extreme networking" genutzt – ein besonderes Event! www.bielefelder-jazzclub.de

Museen & mehr

Die Museums-Landschaft in Bielefeld ist breit gefächert und bietet nicht zuletzt ein Abbild der historischen Entwicklung der Stadt und ihres traditionellen Handwerks. Natürlich kommt auch der Kunstliebhaber nicht zu kurz!

Das **Museum Wäschefabrik** (Viktoriastr. 48a) bringt Dir die Herstellungsgeschichte diverser Bekleidungsartikel aus den Jahren 1913 bis 1980 näher. Da die Produktionsstätte so authentisch wie möglich belassen wurde, kannst Du hier eine Zeitreise in die Vergangenheit unternehmen und erfahren, wie und unter welchen Bedingungen früher Wäsche und Oberbekleidung hergestellt wurde. Beim Betrachten der alten Musterbücher, Stoffe, Näh- und Stickmaschinen und Kleidungsstücke hast Du beinahe den

//196 Kultur und so

Konzert Kinosessel
Klassik
Theater
Poetry-Slam

Eindruck, die Näherinnen kommen jeden Moment wieder rein und nehmen ihre Arbeit da auf, wo sie vor vielen Jahren unterbrochen wurde. Im kleinen Kultursalon (die ehemalige Unternehmerwohnung der Wäschefabrik) finden neben Musik- und Kabarettveranstaltungen auch Lesungen statt. Das Museum hat jeden Sonntag geöffnet, der Eintritt kostet 3 Euro (ermäßigt 1,50 Euro).
www.museum-waeschefabrik.de

Das **Bauernhaus-Museum** (Dornberger Str. 82) vermittelt Eindrücke des Lebens um das Jahr 1850. Ein echtes Kontrastprogramm, wenn man mit Playstation, Fastfood und nahezu unbegrenzter Mobilität aufgewachsen ist. Der Einblick in diese fremde Wirklichkeit einer anderen Zeitepoche, die mit heute unvorstellbarer körperlicher Anstrengung verbunden war, beeindruckt auf ganzer Linie. Von Februar bis Dezember kannst Du immer dienstags bis freitags zwischen 10.00 und 18.00 Uhr für 3 Euro das älteste Freilichtmuseum Westfalens besichtigen.
www.bielefelder-bauernhausmuseum.de

Den Fragen, wie der Bielefelder früher gelebt hat und wie aus der Stadt das geworden ist, was sie heute darstellt, widmet sich das **Historische Museum** (Ravensberger Park 2). In den Ausstellungen stehen Produktionsmaschinen und Arbeitstechniken im Vordergrund, aber natürlich richtet das Museum sein Augenmerk ebenfalls auf die Sparrenburg und die Entwicklung Bielefelds zur Großstadt. Der perfekte Programmpunkt für Neuankömmlinge! Der Besuch kostet Dich 6 Euro. Geöffnet ist mittwochs bis freitags 10.00 bis 17.00 Uhr und am Samstag und Sonntag von 11.00 bis 18.00 Uhr. www.historisches-museum-bielefeld.de

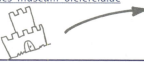

Wer hätte das gedacht? Ein **Fächermuseum**! Und das ausgerechnet in Bielefeld! Mitten in der Altstadt (am Bach 19) kannst Du Exemplare dieses Accessoires aus der ganzen Welt und verschiedenen Jahrhunderten bestaunen. Welchen Fächer man in welchem Königshaus zum Einsatz brachte, erfährst Du nur hier! Das kleine Museum ist sehr liebevoll gestaltet und wirklich einen Abstecher wert. Für 3 Euro sind die Exponate mittwochs und donnerstags zwischen 14.30 und 17.30 Uhr zu sehen. www.faechermuseum.de

Natur, Mensch und Umwelt – dafür steht die abgekürzte Version **namu** (Kreuzstr. 20), die namensgebend für das moderne Museum ist. Das namu erstreckt sich über drei Ebenen und setzt sich mit dem Verhältnis zwischen Mensch und Natur auseinander. Auf spielerische Weise lernst Du auch, was Du tun kannst, um der Zerstörung unseres Planeten entgegenzuwirken.

Eine besondere Atmosphäre bietet der Zukunftsraum. In diesem Teil des modernen und kinderfreundlichen Museums bekommst Du eine Lektion in Sachen Weltgeschehen in Vergangenheit, Gegenwart und Zukunft. Mittwoch bis Sonntag hat es von 10.00 bis 17.00 Uhr geöffnet, Erwachsene zahlen für den Besuch 4 Euro.
www.namu-ev.de

Kunstmuseen & Galerien

Es regnet, aber zu Hause bleiben kommt auch nicht infrage? Vielleicht kann der Besuch eines Kunstmuseums oder einer Galerie das Problem lösen. Auf der Suche nach Muse und Inspiration wirst Du in dieser Hinsicht in Bielefeld nicht enttäuscht.

Epizentrum der Bielefelder Kunstszene ist die große **Kunsthalle** (Artur-Ladebeck-Str. 5), die auch international großes Ansehen genießt. Das auffällige, quadratische Gebäude ist aus dem Stadtbild nicht mehr wegzudenken. Auf mehreren Ebenen hast Du die Möglichkeit, die Sammlung moderner und zeitgenössischer Kunst anzusehen oder Dich einer Sonderausstellung zu widmen. In einem kleinen Kinosaal wird für die Besucher ein eigens zu jeder Ausstellung produzierter Einführungsfilm gezeigt.

Neben dem Angebot, an einer Führung teilzunehmen, gibt es bei bestimmten Ausstellungen auch die Möglichkeit, sich von einem Audio-Guide durch die Kunsthalle führen zu lassen. Wer dann noch immer Fragen hat, wirft einen Blick in die frei zugängliche Präsenzbibliothek.

Dank des glänzendes Rufs der Bielefelder Kunsthalle sind berühmte Werke auch häufig als Leihgabe zu sehen. Geöffnet dienstags bis sonntags von 11.00 bis 18.00 Uhr, mittwochs von 11.00 bis 21.00 Uhr und samstags von 10.00 bis 18.00 Uhr. Für den Eintritt musst Du 7 Euro investieren (ermäßigt 3,50 Euro). www.kunsthalle-bielefeld.de

Das wie etwas aus der Form geraten wirkende **MARTa**-Gebäude in Herford (Goebenstr. 2-10) wurde von niemand geringerem als Frank Gehry entworfen. Der weltweit gefeierte Erschaffer dekonstruktivistischer Architektur hat seine Spuren mitten in Ostwestfalen hinterlassen und darauf ist man hier stolz, auch wenn das Museum an eine zu oft benutzte Skaterbahn erinnert.

Programmatisch hat sich das MARTa zeitgenössischer Kunst, Design und Architektur der Moderne verschrieben. Für 7 Euro (ermäßigt 4,50 Euro) kannst Du es immer dienstags bis sonntags zwischen 11.00 und 18.00 Uhr besuchen. www.marta-herford.info

Die **Galerie Samuelis Baumgarte** (Niederwall 10) ist eine moderne Galerie, die zeitgenössische und klassische Kunst auf knapp 1000 Quadratmetern Ausstellungsfläche präsentiert. Hier kannst Du

montags bis freitags zwischen 10.00 und 18.00 Uhr sowie samstags zwischen 10.00 und 14.00 Uhr vorbeischauen.
www.samuelis-baumgarte.com

Ein Schwerpunkt der Arbeit in der **Galerie Jesse** (Siekerwall 14a) liegt auf den Arbeiten italienischer Künstler. Öffnungszeiten sind dienstags bis freitags zwischen 10.00 und 12.00 sowie 15.00 und 18.30 Uhr und samstags zwischen 11.00 und 15.00 Uhr.
www.galerie-jesse.de

Falls Du Dich auf Bielefelder Galerien spezialisieren möchtest, hast Du noch eine Menge weitere zu entdecken:
www.raumstation.info
www.galerie-baal.de
www.galerie-david.de
www.artists-unlimited.de

Sehenswertes rund um Bielefeld

Du wolltest das mit den Preußen immer schon mal genauer wissen? In diesem Fall könnte das **Preußen-Museum** (Simeonsplatz 12) in Minden die richtige Adresse für Dich sein. Der Tagesausflug lässt sich gut mit einem kleinen Rundgang durch die ehemalige Festungsstadt kombinieren. Mittwoch bis Sonntag von 11.00 bis 17.00 Uhr hast Du die Chance für 4,50 Euro Dich preußentechnisch weiterzubilden.
www.preussenmuseum.de

Das **Hermannsdenkmal**, errichtet in Erinnerung an die berühmte Varusschlacht, in der Arminius (übersetzt: Hermann) eine römische Legion geschlagen und die Germanen zum Sieg geführt hat, ist vermutlich jedem ein Begriff. Wo genau diese Schlacht stattgefunden

//200 Kultur und so

Konzert Kinosessel
Klassik Theater
Poetry-Slam

hat, bleibt aber ein großes Rätsel. Der Besuch im **Museum und Park Kalkriese** (Venner Str. 69, Bramsche-Kalkriese) kann helfen, etwas Licht ins Dunkel zu bringen. Die im Museum ausgestellten archäologischen Funde sollen Dir verdeutlichen, dass Du Dich auf historisch bedeutsamem Boden befindest.

Wenn Du den Aussichtsturm des modernen Museums besteigst, hast Du einen Blick auf das gesamte, hier vermutete Schlachtfeld. Für 7 Euro (ermäßigt 4,50 Euro) kannst Du Deine eigene Theorie dazu entwickeln. Die saisonabhängigen Öffnungszeiten und Informationen rund ums Museum findest Du auf:
www.kalkriese-varusschlacht.de

Du interessierst Dich für den Werdegang des „braunen Goldes"? Das **Deutsche Tabak- und Zigarrenmuseum** (Fünfhausenstr. 8-12) im schönen Bünde bringt Dir in seiner Dauerausstellung die Kulturgeschichte der Rauchwaren näher. Um aus dem Museumsbesuch ein Fest der Sinne zu machen, gibt es Hör- und Riechstationen und viel Interaktion. Diese kommt beispielsweise bei den verschiedensten „Mitmach"-Ausstellungen zum Einsatz. Da gibt es dann interaktive Exponate zum Anfassen und Ausprobieren. Auch Museumspädagogik wird hier ganz groß geschrieben.

Zum Komplex gehören außerdem zwei weitere Abteilungen. Das **Dobergmuseum** setzt sich mit der örtlichen Geologie auseinander und zeigt gefundene Fossilien, im **Heimatmuseum** erfährst Du einiges über die Geschichte der Region. Das Kombipaket von Tabak- und Dobergmuseum gibt es für 4 Euro. Öffnungszeiten: Dienstag bis Freitag 14.00 bis 18.00 Uhr, Samstag und Sonntag 11.00 bis 18.00 Uhr. www.museum.buende.de

Im nicht fernen Osnabrück (50 Minuten mit der Bahn) wird die Erinnerung an Felix Nussbaum gewahrt. Der jüdische Maler, der dem NS-Regime zum Opfer fiel, zählt heute zu den bekanntesten

Vertretern der Neuen Sachlichkeit. Im **Felix-Nussbaum-Haus** (Lotter Str. 2) sind circa 200 Exponate des Künstlers ausgestellt – die größte Sammlung seiner Bilder weltweit. Besonders bemerkenswert (und erschütternd) ist seine bildliche Verarbeitung des Holocaust.
www.osnabrueck.de/fnh

Lesungen

Du findest es aufregend, einen Autor, dessen Bücher Du liebst, live zu erleben? Diesen Genuss hat Dir auch Bielefeld zu bieten. Spannende Orte, um Dir vom Autor höchstpersönlich aus seinem Werk vortragen zu lassen, gibt es einige.

Wenn Du eine anspruchsvolle Nischenveranstaltung besuchen möchtest, dann ist die **Galerie Gruppe 10** (Breite Str. 26) genau richtig. Jeden vierten Donnerstag im Monat findest Du hier den sogenannten „Reading Room", der sich als offene Lesebühne versteht. Junge, ambitionierte Bielefelder Autoren wagen im künstlerischen Rahmen die ersten Gehversuche, aber auch den etwas Erfahreneren kannst Du vor Ort lauschen.

Die Symbiose aus bildender Kunst und Sprachkunst in der Galerie ist eine sehr gelungene Mischung. Falls Du selbst vor Kreativität sprühst und gerne zu Zettel und Stift greifst, kannst Du ebenfalls zum Akteur werden. www.gruppe10.net

Die Bielefelder Filiale der Buchladenkette **Thalia** (Bahnhofstr. 1) lädt sich immer wieder gerne bekannte Autoren ein, die ihre aktuellen Bücher präsentieren. Aushänge über das Programm gibt's u.a. im Treppenhaus der Buchhandlung.

//202 Kultur und so

Auch die Buchhandlung **Eulenspiegel** (Hagenbruchstr. 7) wartet regelmäßig mit Lesungen auf. Der Buchladen selbst wird zur Bühne und umgeben von hohen Bücherwänden entwickelt sich eine einmalig stimmungsvolle Kulisse. www.buchladen-eulenspiegel.de

Als eigener Mikrokosmos hält die **Universität** ihre literarischen Events bereit. Damit Dir so tolle Veranstaltungen wie die große „Lesenacht" nicht entgehen, solltest Du Dich von Zeit zu Zeit auf der Website informieren. Dort findest Du auch Hinweise auf Veranstaltungen anderer künstlerischer Bereiche. www.uni-bielefeld.de

--> kultur

Auch die **Stadtbibliothek** (Neumarkt 1) organisiert erfreulicherweise in regelmäßigen Abständen Veranstaltungen dieser Art. Die Institution ist kürzlich ins Amerikahaus umgezogen und hat hier schicke, neue Räumlichkeiten mit einer ansprechenden Lesebühne zur Verfügung.
www.stadtbibliothek-bielefeld.de

Die Buchhandlung **Klack** (Hauptstr. 75) verwandelt ihr Geschäft auch gerne mal in ein Literatur-Café. Termine und Eindrücke auf www.buchklack.de

Poetry Slam

Poetry-Slam ist in den letzten Jahren zu einer der populärsten Formen von Textkunst geworden. Dieser Trend hat auch vor Bielefeld nicht haltgemacht. Wie aus dem Nichts ist eine blühende Veranstaltungslandschaft für das frei gesprochene Wort entstanden.

Theater   Konzert
Kinosessel   Klassik
Poetry-Slam

Falls Du auch zur Slammer-Szene gehören willst, haben wir hier ein paar Tipps für Dich:

Populär: Der BunkerSlam im **Bunker Ulmenwall** (Kreuzstr. 1). Dank der Floor-Bühne werden die Slammer hier umringt von den großen Augen ihrer Zuhörer. Von Oktober bis Juli jeden dritten Mittwoch im Monat. www.bunker-ulmenwall.de

> Einen wirklich guten Überblick über das turbulente, bunte und sehenswerte Poetry-Slam-Geschehen in Bielefeld, Detmold, Lemgo, Paderborn und wie sie alle heißen bietet Dir www.slam-owl.de

Das „Cup der guten Worte" liegt neuerdings im **Detmolder Kaiserkeller** (Hermannstr. 1). Super-gemütlich ist es hier und einen Satz heiße Ohren gibt's sozusagen gratis. Von September bis Mai, jeden zweiten Dienstag im Monat. www.kaiserkeller-detmold.de

Das gute alte Lemgo hat sogar gleich zwei Slam-Bühnen. Das riecht nach Vormachtstellung, ist aber wohl eher ein Zeichen für ein gutes Verhältnis von Angebot und Nachfrage. Laber-Rhabarber heißt es jeden 1. Mittwoch im **Beat-Cafe** im Lemgoer Zentrum. Im bahnhofsnahen **Kesselhaus** einigte man sich auf den Namen „Katze-slam", der alle zwei Monate freitags stattfindet und auch gerne Singer/Songwriter ins Programm mischt.

Im schönen Licht erstrahlt die Kleine Bühne im Gütersloher **Kesselhaus** (Bogenstr. 1-8). Der Slam findet sechsmal im Jahr statt und nur Selbstverfasstes ist erlaubt. www.kleinebuehne.wordpress.com

--> Slam GT

Das gilt auch für den Slam bei den Nachbarn in Bad Oeynhausen. Womöglich hätte man bei der Namensgebung („Wortlust") etwas tiefer in die Wortschatzkiste greifen können, aber gut ... Im vierteljährlichen Turnus geht in der **Druckerei** (Kaiserstr. 14) die Post ab. www.begegnungszentrum-druckerei.de

Bielefeld   **Bielefeld?**

endlich

//204 Kultur und so

Konzert Kinosessel
Klassik
~~Theater~~
Poetry-Slam

Und nochmal ein „Cup der guten Worte". Diesmal in Paderborn. Die Termine sind unregelmäßig. Organisiert wird das Ganze vom **Verein Alibizarr**. Der Cup findet im **„Raum für Kunst"** (Kamp 21) in Kötterhagen, Paderborn statt. www.alibizarr.de

Die Druckerei in Bad Oeynhausen

Die ganz großen Wortakrobaten treffen sich zum Kult Slam in Paderborn. Kultig nicht zuletzt, weil die Sause in der **Paderborner Kulturwerkstatt** (Bahnhofstr. 64) stattfindet. www.kultslam.de

Kein Poetry Slam ohne ein großes Finale. Diejenigen die besonders beklatscht und bejubelt wurden, treten beim **Highlander-Slam** in Bielefeld an. Das verbale Duell findet aufgrund großer Nachfrage meist in einer größeren, extra hierfür angemieteten Location statt.

Festivals

Festivals gehören zu den jährlichen Höhepunkten in Bielefeld. Künstlerisches, Musikalisches und mehr ist Bestandteil der Festival-Kultur, die in unterschiedlichster Form zelebriert wird.

Da wäre zum Beispiel das **Bielefelder Tanzfestival**. Jeden Sommer hast Du in diesem Rahmen an verschiedenen Veranstaltungsorten die Gelegenheit, an diversen Workshops teilzunehmen. Das Festival dauert in der Regel etwa

zwei Wochen, die von den Tanzbegeisterten genutzt werden können, um sich den ein oder anderen Profitanzschritt anzueignen. Abends treten die gastierenden (internationalen) Profis auf. Zu diesem Zweck entsteht auch jedes Jahr auf dem Rathausplatz eine große Open-Air-Tanzfläche. www.tanzfestival-bielefeld.de

Bielefelder Literaturtage nennt sich eine Veranstaltungsreihe, die immer im Oktober Autoren eine Bühne bietet, um ihr Selbstverfasstes zu präsentieren. Die Lesungen werden von der Stadtbibliothek organisiert. Hier hast Du die Gelegenheit, renommierten Autoren nicht nur beim Vorlesen zuzuhören, sondern auch im Rahmen der Veranstaltung mit ihnen zu sprechen.

Schreiberlinge, die noch im Begriff sind, sich einen Namen zu machen, gehören ebenfalls zu den Vortragenden. Nicht selten werden die Lesenden musikalisch begleitet.
ww.stadtbibliothek-bielefeld.de

Das **Murnau Festival** versteht sich als Film- und Musikfest. Friedrich Wilhelm Murnau gilt als bedeutender Regisseur der Stummfilmzeit und ist, ganz nebenbei erwähnt, in Bielefeld geboren.

Murnau, dessen Kunst seiner Zeit weit voraus war, hat z.B. den berühmten „Nosferatu – Eine Symphonie des Grauens" gedreht, der bis heute absoluten Kultstatus besitzt. Seine Filme und andere Klassiker der gleichen Epoche werden bei diesem Festival unter Begleitung von Live-Musik vorgeführt. Ein echtes Highlight im Bielefelder Novembergrau! www.murnaugesellschaft.de

Das „große" Rockfestival in Ostwestfalen heißt **Serengeti Festival** und lockt Jahr für Jahr tausende Besucher und internationale Rockmusiker nach Schloss Holte-Stukenbrock. Zwei Tage lang gibt's auf verschiedenen Bühnen die volle Beschallung, inklusive Camping mit Freunden und Würstchen wälzen auf dem Einweg-Grill.

//206 Kultur und so

Konzert Kinosessel
Klassik
Theater
Poetry-Slam

Wer ein kleines Festival mit familiärem Klima den großen etablierten vorzieht, sollte sich rechtzeitig die Tickets sichern.
www.serengeti-festival.de

Die **Parklichter** in der beschaulich-schönen Nachbar- und Kurstadt Bad Oeynhausen leuchten zum gleichnamigen Festival besonders hell. Der musikalische Part des Festivals, bei dem sowohl Newcomer als auch namhafte Künstler auf dem Programm stehen, findet immer am Freitag statt.

Am Samstag verwandelt sich der Kurpark dann in ein gleißendes Lichtermeer und einen Hort für Kleinkunst jeder Art. Zum Abschluss des Tages darf man sich auf ein imposantes (und Musik-synchrones) Feuerwerk freuen. Der Sonntag schließlich steht ganz im Zeichen der Familie und bietet viele Aktionen für Kinder.
www.parklichter.com

Immer im Juni organisiert die Studierendenschaft der Universität Bielefeld das einwöchige Festival **Contre Le Racisme**. Eine Woche lang stehen Themen wie Diskriminierung und Gewalt bei verschiedenen Veranstaltungen und Aktionen im Vordergrund.

Trotz der gelungenen Mischung aus Vorträgen, Filmvorführungen, Workshops und Konzerten, samt einer gehörigen Portion Gesellschaftskritik, kommt aber auch die Party nicht zu kurz. Diese steigt am Ende des Festivals. www.contre-le-racisme.de

Das Bielefelder **Vocal Festival** versteht sich als Veranstaltungsreihe und erstreckt sich über das ganze Jahr. Jede erdenkliche musikalische Spielart, die mit den Stimmbändern produziert werden kann, wird hier auf verschiedenen Bühnen präsentiert. Es wird Dich verblüffen, wie vielfältig das Tonspektrum ist, das die menschliche Stimme erzeugen kann. www.vocalfestival.de

Immer im Sommer lädt die Universität Bielefeld zur **Nacht der Klänge** ein. Die Uni mutiert zu einem großen Klangerlebnis. Sie wird zum künstlerischen Ort, an dem gesungen, musiziert und mit Geräuschen experimentiert wird.

In der Haupthalle der Universität tobt (musikalisch gesehen) der Mob. Hier werden beispielsweise Jazz-Tänze aufgeführt, Du kannst die ästhetische Capoeira-Kunst bewundern, Samba-Klängen lauschen oder Tänzern beim Samba zusehen.

www.uni-bielefeld.de --> Kultur --> Musik --> Nacht der Klänge

Bielefeld   Bielefeld?

dlich   endlich   endlich

Musik
Musik
Bierbank
Straßenfest Musik
Feiern Fe
Straßenfest
evaluieren
Feie
Musik

//210 feste Feste

Musik Wein Straßenfest
Sommer
Bierbank

Ostwestfalen gilt nicht gerade als Hochburg für ausgelassene Geselligkeit oder große Volksfeste. Aber wie das so ist mit Klischees und Vorurteilen, die Realität ist dann doch meist etwas anders. Nur weil das Wetter hin und wieder grau sein mag, sind die Menschen in Bielefeld ja nicht gleich frustriert und eigenbrötlerisch. Im Gegenteil: Kaum bietet sich eine Gelegenheit für ein Fest, wird sie ausgiebig genutzt. Und Gelegenheiten gibt es viele ...

Bielefelder Nachtansichten

Ein ganz besonderes Highlight im Kampf gegen den Alltagstrott sind die Bielefelder Nachtansichten, die immer am letzten Samstag im April von 18.00 bis 1.00 Uhr stattfinden. Hinter dem Namen verbirgt sich ein einzigartiges Spektakel: Über die ganze Stadt verteilt werden Gebäude mit beeindruckenden Lichtprojektionen versehen. Galerien, Museen, Kirchen und einzelne Aussteller, sie alle haben denselben Anspruch: Bielefeld zeigen, wie man es nicht kennt.

An über 40 Orten kannst Du Ausstellungen besuchen, Performances bestaunen und Installationen bewundern. Kleiner Tipp: Mach' den Mund wieder zu! Sieht einfach besser aus ...
www.bielefeld-marketing.de

--> Veranstaltungs-Marketing
--> Nachtansichten

Leinewebermarkt

Der Leinewebermarkt ist das größte Stadtfest Bielefelds und ein Großereignis für die ganze Region. Schon seit 1974 werden immer Ende Mai Fahrgeschäfte und Fressbuden aufgebaut und große und kleinere Bühnen errichtet. Es gibt Theater, Musik und Kleinkunst und das Ganze ist eine große, bunte Kirmes und kulturelle Vielfalt in einem und außerdem für lau. Schon Tage vor dem Leineweber-markt steigt die Stimmung in der Stadt. Und die Nachwirkungen sind auch noch einige Tage spürbar. www.bielefeld.de

--> Leinewebermarkt

La Strada

Wenn die Oldtimer im Mai in der Innenstadt parken, dann ist wieder La Strada-Zeit. Alles, was sich motorisiertes Vehikel nennen kann und schon einige Jahre auf dem Buckel hat, darf sich hier zeigen. Zum nostalgischen Feeling wird auch ein musikalisches Rahmenprogramm geboten und dafür gesorgt, dass keiner verhungern muss. Neben den alten Kisten werden außerdem aktuelle Modelle und Kuriositäten präsentiert. www.bielefeld.de --> Kultur Freizeit Sport
--> Tipps

Carnival der Kulturen

Das wohl außergewöhnlichste Fest in Bielefeld ist der Carnival der Kulturen. Zehntausende Besucher beehren Ende Mai/Anfang Juni die Stadt und lassen sich von der guten Stimmung, den Rhythmen, Klängen und Gesängen aus den verschiedensten Kulturen in den Bann ziehen. Unzählige Gruppen nehmen teil, deren Mitglieder sich in eindrucksvolle Kostüme hüllen und ihrer Lebensfreude mithilfe von allerhand Instrumenten Ausdruck verleihen. Gigantisch und absolut multikulti, ein Fest für die Sinne. www.carnival-bielefeld.de

Christopher Street Day

„Liebe ohne Grenzen" – ein schöneres Motto kann eine Festivität ja eigentlich gar nicht haben. Der Christopher Street Day in Bielefeld wird immer an einem Sommertag im Juni oder Juli von tausenden von Menschen begangen.

//212 feste Feste

Musik Wein Straßenfest
Sommer
Bierbank

Der bunte Tross wandert um die Mittagszeit durch die Innenstadt in Richtung Siegfriedplatz, wo dann die Party steigt. Drumherum gibt es außerdem eine Woche lang ein informatives Rahmenprogramm. www.csd-bielefeld.de

Sparrenburgfest

Das Wahrzeichen der Stadt Bielefeld ist eindeutig die altehrwürdige Sparrenburg. Wer da rauf will, muss zwar ein bisschen schwitzen, aber zur Belohnung gibt's oben einen wunderschönen Ausblick über die ganze Stadt . Das Sparrenburgfest, das jedes Jahr im Juli stattfindet, kannst Du Dir am besten wie einen großen mittelalterlichen Markt vorstellen, bei dem Du Rittern, Handwerksleuten und Gauklern begegnest. Für den Eintritt musst Du einen kleinen Obolus entrichten (der wird zu diesem Anlass authentischerweise „Wegezoll" genannt). www.sparrenburgfest.de

Schweinemarkt

Am 24. August 1442, dem so genannten Bartholomäustag, fand in der Bartholomäuskirche die erste Kirchweih statt. Noch heute feiert man dieses Fest unter dem erstmals nach dem Zweiten Weltkrieg gebrauchten Namen Schweinemarkt.

Der Schweinemarkt findet traditionell am letzten Montag im August und dem Wochenende davor statt. Künstler und Musiker stellen ihr Talent auf zahlreichen Bühnen unter Beweis, Tanzwettbewerbe finden statt und für ein Kinderprogramm wird auch gesorgt. Fahrgeschäfte, einen mittelalterlichen Markt, Stände mit kulinarischen Köstlichkeiten und einen verkaufsoffenen Sonntag gibt es zu diesem Anlass auch – wen hält es da noch zu Hause? Und

wenn Du das erste Mal das Plakat mit dem Schwein im Kettenkarussell siehst, weißt Du: Es ist so weit, die Brackweder lassen wieder die Sau raus! www.bielefeld.de --> Stadtbezirke --> Brackwede --> Veranstaltungen

Wackelpeter

Der Wackelpeter ist etwas für jene, die bei den Bielefelder Nachtansichten wahrscheinlich schon längst ins Bett mussten. Das Familienfest im Ravensberger Park versteht sich bestens auf kunterbunte Unterhaltung.

An einem Sonntag Ende August oder Anfang September entern Clowns, Komiker, Puppenspieler, Zauberer und ähnliche Unterhaltungskünstler die Bühne. Ihre Präsentationen machen nicht nur Kindern Spaß. Für das leibliche Wohl wird selbstverständlich auch gesorgt. Perfektes Ausflugsziel für Familienmenschen oder einfach eine gute Dosis gegen allzu viel Ernst.

www.kulturamt-bielefeld.de --> Kinderkultur --> Wackelpeter

Weinmarkt

Einmal im Jahr huldigt Bielefeld mit dem Weinmarkt dem feinen Tröpfchen. In spätsommerlicher September-Atmosphäre trifft man sich unter freiem Himmel in der Altstadt und genießt Rebensäfte aus ganz Deutschland. Dazu werden passende Leckerbissen wie z.B. Flammkuchen angeboten. Pavillons mit gemütlichen Sitzgelegenheiten gibt's auch genug – gut für den Fall, dass das Wetter auf einmal dann doch nicht mehr so sommerlich ist. www.bielefeld.de

--> Weinmarkt

//214 feste Feste

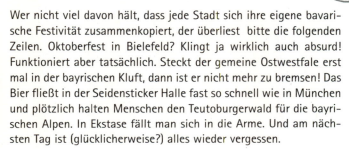

Oktoberfest

Wer nicht viel davon hält, dass jede Stadt sich ihre eigene bavarische Festivität zusammenkopiert, der überliest bitte die folgenden Zeilen. Oktoberfest in Bielefeld? Klingt ja wirklich auch absurd! Funktioniert aber tatsächlich. Steckt der gemeine Ostwestfale erst mal in der bayrischen Kluft, dann ist er nicht mehr zu bremsen! Das Bier fließt in der Seidensticker Halle fast so schnell wie in München und plötzlich halten Menschen den Teutoburgerwald für die bayrischen Alpen. In Ekstase fällt man sich in die Arme. Und am nächsten Tag ist (glücklicherweise?) alles wieder vergessen.

Ganz wichtig: rechtzeitig Tickets kaufen, sonst stehst Du im Dirndl in Ostwestfalen im Regen. Das wäre dann wirklich peinlich.
www.stadthalle-bielefeld.de --> Veranstaltungssuche

Glückstalertage

Garantiert ohne Lederhosen: Immer am zweiten Oktober-Wochenende, bei den Glückstalertagen, zeigen Musiker und Schausteller ihr Können. Beim Ausprobieren der Fahrgeschäfte oder beim Saltoschlagen in der Hüpfburg kannst Du feststellen, wie Dein Magen mit der soeben verzehrten Currywurst klarkommt. Schlendere über den Flohmarkt oder schau Dir ein Puppenspiel an – und das alles ohne den lästigen Verkehr, der wird bei diesem Fest nämlich umgeleitet. www.brackwede.de

--> Glückstalertage

Run & Roll Day

Der Run & Roll Day ist ein weiteres Highlight des Bielefelder Festjahres. In diesem Fall für alle sportliche Menschen, oder jene, die anderen gerne beim Sport zugucken. Wer sich gerne unmotorisiert fortbewegt (als Walker oder Jogger, Inlineskater, Hand- oder Liegebiker), ist auf dem für den Run & Roll Day autofreien Ostwestfalen-

damm herzlich willkommen. Immer im September kann man den Asphalt der Stadtautobahn unter den Sohlen spüren. Zahlreiche sportliche Wettbewerbe animieren zum Teilnehmen.
www.run-and-roll-day.de

Hoeker-Fest

Auch die Nachbarn aus Herford verstehen es zu feiern. Das große Hoeker-Fest zieht sich immer kurz vor den Sommerferien durch die gesamte Stadt und präsentiert bei gutem Bier und großer Speiseauswahl diverse Live-Acts auf den zentralen Plätzen. Immer wieder ein gelungenes Stadtfest, bei dem man sich schmatzend von Bühne zu Bühne begibt. www.herford.de --> Freizeit-Kultur --> Veranstaltungen --> Hoeker-Fest

Hermannslauf

Statt Volksfest heißt es hier Volkslauf. Der Hermannslauf beginnt am Hermannsdenkmal in Detmold und führt Sportbegeisterte jedes Frühjahr einmal durch den Teutoburger Wald bis zur Bielefelder Sparrenburg. Ein echtes Veranstaltungs-Highlight in OWL (Ostwestfalen-Lippe). Du musst ja nicht gleich mitlaufen, beim Zuschauen kann man nämlich auch viel besser essen und trinken.
www.hermannslauf.de

Detmolder Winzerfest

Ein Besuch der Stadt Detmold ist ohnehin schon sehr empfehlenswert, aber am besten verbinden lässt er sich mit dem traditionellen Detmolder Winzerfest. Du kannst hervorragenden Wein probieren und von Glas zu Glas wird Dir das Unterhaltungsprogramm des Winzerfestes besser gefallen. www.stadtdetmold.de

--> Kultur-Tourismus
--> Veranstaltungen

Unterhaltsam sind auch die **Stadtteilfeste in Bielefeld** wie z.B. der Schildescher Stiftsmarkt. Und auch die Radrennbahn hat einige interessante Feste zu bieten. Eine Übersicht findest Du hier: www.bielefeld.de

--> Kultur Freizeit Sport
--> Veranstaltungen
--> Veranstaltungskalender

Bielefeld

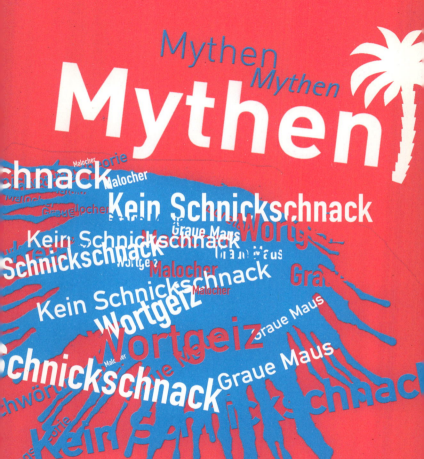

Wie konnte das bloß passieren? Die Existenz einer rund 320.000 Einwohner zählenden Stadt wird in Frage gestellt und die Mythen und bösen Gerüchte, die sich um Bielefeld und seine Bewohner ranken, nehmen immer bizarrere Züge an. Zeit also für ein paar klärende Worte. Ist der Ostwestfale wirklich so schweigsam oder gar unfreundlich? Stimmt es, dass es hier ständig regnet? Und besteht da vielleicht sogar ein Zusammenhang?

Der Ursprung einer Verschwörungstheorie

Irgendwann im Jahre 1994 behauptete ein erster User im Internet, dass es Bielefeld ja gar nicht gebe. Er witterte sogar eine handfeste Verschwörung! Aus dieser originellen Satire entwickelte sich ein Dauerbrenner, der bis heute bunte Stilblüten hervorbringt.

--> s. „Bielefeld zum Lesen", S. 226

So faszinierend eine Verschwörungstheorie auch sein mag, es lässt sich einfach nicht leugnen: Bielefeld existiert tatsächlich! Auch von einer Geisterstadt kann hier ganz und gar nicht die Rede sein: Wenn Du ein bisschen die Einwohnerstatistiken bemühst, wirst Du feststellen, dass es sich bei Bielefeld um eine der 20 größten Städte Deutschlands (mit einer der meistfrequentierten Einkaufszonen in NRW) handelt. Auch in kultureller Hinsicht muss Bielefeld sich im Vergleich zu anderen Großstädten nicht verstecken. Kenner bezeichnen die Stadt sogar als „Perle Ostwestfalens".

Sieben Thesen zu Bielefeld

I. Bielefeld und kein Wasser in Sicht?

Nun gut. Bielefeld ist nun wahrhaftig kein Paradies für Sportfischer und Meeresbiologen. Tatsächlich hockst Du hier (mal abgesehen vom Regen) so ziemlich auf dem Trockenen. Ein bisschen was lässt sich dem allerdings dann doch entgegenhalten: Wassertechnisch kann man mit dem Mini-Bach Lutter, der eigentlich eher gluckert als rauscht, natürlich nicht angeben. Das macht dafür aber der Obersee wieder wett. Im Sommer kann man hier Beachvolleyball spielen, seine Joggingrunden drehen und die Füße ins Wasser tauchen. Und es

gibt sogar noch mehr Wasser in Bielefeld – naja, „in" Bielefeld ist vielleicht übertrieben, eigentlich eher „bei" oder „in der Nähe von"...

--> s. auch „Rein ins kühle Nass", S. 116

II. Bielefeld und das Image der grauen Maus

Bielefeld spielt im Concerto Grosso der großen Städte Nordrhein-westfalens ja bekanntermaßen absolut keine Rolle. Eigentlich müsste man hier die imagegerechte graue Maus auf alle Ortsschilder pinseln, damit keiner auf die Idee kommt, dass in Bielefeld was los sein könnte.

Dabei ist das alles natürlich Quatsch mit Soße – die Stadt ist ein verkanntes Juwel! Die Kulturszene präsentiert sich bunt, vielfältig und offen. Vom großen kulturübergreifenden Festival bis zum Christopher Street Day ist man hier für jeden Spaß zu haben. Zugegeben, bei solchen Festivitäten steigt der durchschnittlich eher auf Sparflamme gehaltene

Euphorie-Pegel der Bielefelder um gefühlte 75 % an, aber dafür geht dann auch so richtig die Post ab. Spätestens beim Blick von der

Imprägnierte Kleidung
Graue Maus
Kein Schnickschnack

Sparrenburg hinunter auf die Stadt wird die graue Maus zum bunten Hund. Diese Stadt kann sich wirklich sehen lassen!

III. Bielefelder brauchen keinen Schnickschnack!

... so richtig extrovertiert ist Bielefeld vielleicht nicht gerade. Wer allerdings schon mal eine schillernde Großstadt in Nordrheinwestfalen gesehen hat, der möge jetzt die Hand heben. Wir sind hier schließlich im Bundesland der Malocher und der Industrie. Daraus hat sich eine Lebenseinstellung entwickelt, die in Ehren gehalten wird. Praktisch und nützlich sollen die Dinge hier sein. Und sie sollen funktionieren.

Bestes Beispiel dafür ist das Neue Rathaus in Bielefeld. Ohne Schnickschnack und erfrischend schmucklos anzuschauen hat es aber für alles Platz, was reingehört. Daneben wirkt das Alte Rathaus beinahe überladen. Die zwischen den Rathäusern stehende Skulptur von Sandro Chia sieht auch aus, als sei sie von so viel Schönheit geblendet.

Ein ähnliches Beispiel liefert die altehrwürdige Universität Bielefeld. Studenten lernen diese schnell zu schätzen, befinden sich doch nahezu alle Fakultäten, Mensen und Einkaufsmöglichkeiten in diesem Ungetüm von Bauwerk, das selbst beim schönsten Sonnenuntergang den Charme einer Plattenbausiedlung ausstrahlt und von innen das reinste Labyrinth ist.

IV. Mit Schirm, Charme und imprägnierter Kleidung ...

Freiburg ist ja bekanntlich die wärmste Stadt in Deutschland und liegt in einer Gegend, wo die vielen Sonnenstunden den Wein gedeihen lassen. Und wenn wir schon bei den deutschlandweiten Superlativen sind: Welche könnte wohl die Stadt mit dem meisten Regenwetter sein? Dieses zweifelhafte Prädikat genießt: Bielefeld. Frust beiseite, schließlich ist das eine echte Sensation! Scharen von Studenten bekommen zu Beginn ihres Studiums in Bielefeld von ihren Eltern einen Satz Regenschirme und ein paar Gummistiefel dazu. Alles nur finsterer Aberglaube, oder? (Trommelwirbel)

Nein, es stimmt ... zumindest ein bisschen. Bielefeld gehört nachweislich zu den niederschlagsreichsten Regionen in ganz NRW. Nicht ganz unschuldig daran scheint der Teutoburger Wald zu sein, der als „Regenfänger" für die Atlantikausläufer dafür sorgt, dass Bielefeld immer schön von oben bewässert wird. Ein Körnchen Wahrheit steckt also doch im Schlechtwettermythos.

V. Wortgeiz oder praktizierte Sprechökonomie?

Warum redet der Bielefelder so wenig? Schwieriges Thema. Hängt das mit dem vielen Regen zusammen? Naja, so einfach wird sich das Phänomen nicht enträtseln lassen, Du wirst aber garantiert feststellen: Was der Bielefelder zu viel an Regen hat, hat er an Redseligkeit zu wenig. Die wortkarge Eigenart solltest Du aber nicht missverstehen! Hinter der zugegebenermaßen etwas rauen und grantig anmutenden Fassade versteckt der Bielefelder zumeist ein ganz sensibles Wesen. Die Euphorie und das Vor-Freude-Ausrasten spart er sich für die besonderen Momente im Leben auf.

--> s. „feste Feste", S. 208

Hat man aber erst mal gelernt, die richtigen Fragen zu stellen, wird man hier schnell klarkommen. Die Herzlichkeit musst Du Dir vielleicht manchmal erarbeiten, dafür gibt es aber keinen Zweifel, dass Du in Bielefeld sehr gute Freunde finden kannst.

Apropos Menschenschlag: Es kann einem ja gefallen oder nicht, aber der Regen und die quasselarme Umgebung scheinen einen

Einfluss auf die Kreativität und die Produktivität zu haben. Falls Du hoffnungsvoller Student bist, wirst Du Dich vielleicht von der Atmosphäre der Stadt inspirieren lassen. Nicht von ungefähr kommen viele große Denker wie z.B. Luhmann, Wehler und Kocka (und mit ihnen die Bielefelder Schule) aus Bielefeld.

VI. Ein ganz besonderer Ort?

Dass es Bielefeld wirklich gibt, haben wir inzwischen festgestellt. Das entscheidende Problem ist nur, dass ein Alleinstellungsmerkmal fehlt. Bielefeld hat zwar Dr. Oetker und Alpecin, aber wer lässt sich schon von einem Vanillepudding oder einem Shampoo nachhaltig beeindrucken?

Auch sonst sieht es zappenduster aus. Die Sparrenburg ist ja sehr eindrucksvoll, aber wie sieht es, davon abgesehen, mit historischen Steinhaufen aus? Das können andere Städte besser. Selbst mit Fußballerfolgen kann die Stadt nicht gerade glänzen, denn um die Arminia ist es leider auch nicht zum Besten bestellt.

Vielleicht findet sich ja wenigstens ein großes Einkaufszentrum ... Nein, auch nicht. Und wieso gibt es noch immer keinen adäquaten Autobahnanschluss? Wen wundert's, dass jeder die Existenz Bielefelds in Frage stellt, wenn man sich nach dem abrupten Autobahnende erst mal in der tristen ostwestfälischen Ödnis verirrt.

Und fragt man die Einheimischen dann nach dem Weg, sind wir wieder bei Punkt 5!

VII. Bielefeld ist die Perle Ostwestfalens

Bielefeld muss man sich erarbeiten. Hast Du Dich dann aber eingelebt, weißt Du die Stadt sogar richtig zu schätzen. Sie hat eine riesige, blühende Club- und Kulturszene zu bieten und im Vergleich zu manch anderer Großstadt funktioniert die Infrastruktur einwandfrei. Die Bewohner sind vielleicht nicht ganz so geschwätzig wie anderswo, aber dafür mit Humor und Selbstironie ausgestattet. Und sogar als Naturfreund bist Du hier goldrichtig.

Bielefeld ist also gar nicht so schlimm. Man mag es vielleicht trotz alledem etwas grau finden, aber wer schon einmal in der Altstadt an einem Frühlingsmorgen einen Kaffee getrunken hat oder die Bielefelder Parks für sich entdeckt, der wird ein wohliges Gefühl nicht leugnen können. Bielefeld ist die Perle Ostwestfalens, man muss sich nur die Mühe machen, das herauszufinden – und fest daran glauben.

Bielefeld Bielefeld?

Rätselhaftes Bielefeld
Die Bielefeld-Verschwörung
Herzfrauen
Mord-Westfalen 1+2
Die Bielefeld-Verschwörung

Herzfrauen
Westfalenbräu
Rätselhaftes Biel
Westfalenbräu

Die Bielefeld-Verschwörung
Rätselhaftes Bielefeld
Westfalenbräu
Am Abgrund – Kommissar Lippes erster F
Westfalenbräu
Rätselhaftes Bielefeld

Bielefeld fiktiv

Schöner Morden in Ostwestfalen

Tödlicher Hermannslauf

Manchmal ist es in Bielefeld einfach nur grau und össelig. Da hilft dann nur die Flucht ins Trockene, zwischen zwei Buchdeckel oder vor den Fernseher. Hauptsache raus aus der Realität. Aber zum Glück gibt es ja noch das „fiktive" Bielefeld! Denn anscheinend ist es gerade der besondere Ruf der Stadt, der Schriftsteller, Filmemacher und andere Kreative fasziniert und dazu verleitet, ausgerechnet Bielefeld zum Schauplatz ihrer Storys zu machen. Deshalb findest Du auf den folgenden Seiten jede Menge Unterhaltungs-Stoff für schlechtes Wetter. Und das Beste an der fiktiven Version der Stadt: Hier kannst Du an Verschwörungen teilnehmen, Dich in die düstersten Ecken begeben oder sogar in Schießereien stürzen – ganz ohne Gefahr für Leib und Leben …

Bielefeld zum Lesen

Unheimliches Bielefeld – Die Verschwörungstheorien

Günther Butkus (Hrsg.): Rätselhaftes Bielefeld – Die Verschwörung (Pendragon Verlag)

Ein probates Mittel, um den vielen Verschwörungstheorien rund um Bielefeld zu Leibe zu rücken, ist die Lektüre dieses Buches. Mit „Rätselhaftes Bielefeld" hast Du eine Anthologie vor der Nase, die vor allem deshalb so kurzweilig ist, weil sie absolut über das Ziel hinausschießt. Neben den gängigen Theorien entwickeln die Autoren weitere, zum Teil aberwitzige Geschichten rund um die Stadt. Mitgewirkt haben unter anderem Wiglaf Droste, Udo Lindenberg und Thomas Walden. Danach siehst Du Bielefeld garantiert mit ganz anderen Augen!

© Pendragon Verlag

Thomas Walden, EMBE, Olga Hopfauf: Die Bielefeld-Verschwörung. Der Comic (Pendragon Verlag)

© Pendragon Verlag

Ganz schön schräg, diese Verschwörungskiste. Und auch der dazugehörige Comic ist künstlerisch, nun, sagen wir mal eigenwillig, aber sehr unterhaltsam. Hier zeigt sich Bielefeld – zumindest optisch – von der besten Seite. Der Text stammt von Thomas Walden, der auch das Drehbuch zum Kinofilm „Die Bielefeld-Verschwörung" geschrieben hat. Illustriert haben den Comic, inklusive der Figuren mit den verschieden großen Augen, EMBE und Olga Hopfauf. Wer nicht so auf Bildchen mit Sprechblasen steht, greift einfach zum gleichnamigen Roman oder sieht sich den Film an.

Kriminelles Bielefeld

Monika Detering: Herzfrauen (Gmeiner Verlag)

© Gmeiner Verlag

Monika Detering selbst lebt im Wahlfamilienhaus, einem großen Gebäude in Uni-Nähe, in dem Familien, junge Leute, Alleinstehende und auch ältere Menschen wohnen, die einander behilflich sind und sich gegenseitig unterstützen. In „Herzfrauen" wird dieses Haus zum Schauplatz mysteriöser Vorgänge. Ein junger Pharmazievertreter stürzt aus dem Fenster, dann häufen sich Vergiftungsfälle.

Hauptkommissar Viktor Weinbrenner wittert kriminelle Energie. Vollkommen zu Recht, wie Bewohnerin Sybille Gott, ihres Zeichens Journalistin, findet. Gemeinsam begeben sie sich auf die aufregende Suche nach dem Täter. Die so genannten „Schenkkreise" kommen ins Spiel. Unter dem Mäntelchen der Wohltätigkeit dieser

Gruppe von verschwörerischen Frauen versteckt sich allerdings Betrug und Gier und am Ende möglicherweise auch Mord. Sehr gut geschrieben, sehr spannend, sehr Bielefeld!

Günther Butkus (Hrsg.): Schöner Morden in Ostwestfalen-Lippe (Pendragon Verlag)

Eine weitere Anthologie, die sehr anschaulich die Abgründe der ostwestfälischen Seele präsentiert. „Schöner Morden in Ostwestfalen-Lippe" glänzt mit pointierten Geschichten von Autoren aus der Region. Hier wird 30 Mal aufs Originellste gemordet oder es werden andere Verbrechen begangen. Die Tatorte kommen uns irgendwie bekannt vor: A33, Bad Salzuflen, Gütersloh und natürlich das brandgefährliche Bielefeld.

© Pendragon Ver[lag]

Jobst Schlennstedt: Westfalenbräu (Emons Verlag)

Ein schreckliches Verbrechen wird während des beliebten Herforder Hoeker-Festes verübt: Ein junger Mann trinkt einen Schluck vom frisch gezapften Bier und stirbt. Galt der Anschlag ihm? Oder verfolgt jemand die Absicht, die Brauerei zu vernichten?

Kommissar Jan Oldinghaus von der Bielefelder Kripo will das mit dem Chef der Brauerei klären. Aber noch bevor die beiden sich zu einem Gespräch treffen können, ist der Brauer tot. Die Vermutung, es könne sich um Suizid handeln, erweist sich schnell als falsch und außerdem steht die Zukunft der Brauerei auf dem Spiel ... Dieser Krimi ist spannend bis zur letzten Seite. Für den besonderen Nervenkitzel kannst Du bei der Lektüre ein kühles Glas Herforder genießen.

© Emons Verlag Köln

Jürgen Siegmann: Am Abgrund – Kommissar Lippes erster Fall
(Pendragon Verlag)

© Pendragon Verlag

Es ist Sommer in Bielefeld, das Leben pulsiert in der Stadt, alle sind in Urlaubs- oder Feierlaune. Da verschwinden zwei junge Mädchen. Eine davon ist die Tochter des Bielefelder Kommissars Florian Lippe. Was ist aus den beiden Mädchen geworden? Handelt es sich hier um ein Verbrechen? Die Polizei tappt im Dunkeln und eine Bürgerwehr greift mit sehr zweifelhaften Mitteln ein. Ihr erstes Opfer: Ein Mann, der eine Haftstrafe wegen Vergewaltigung verbüßt hat. Dann wird ein Mädchen tot aufgefunden. Kommissar Lippes Suche nach dem Mörder gerät zu einem dramatischen Wettlauf gegen die Zeit ...

Günther Butkus (Hrsg.): Mord-Westfalen 1+2
(Pendragon Verlag)

© Pendragon Verlag

Herausgeber Günther Butkus hat eine illustre Krimiautorenrunde um sich geschart. Und die so gesammelten Geschichten machen es Dir unmöglich, diese Bücher vor der letzten Seite wieder aus der Hand zu legen. Dietmar Bittrich, Monika Detering, Max von der Grün, Günther Butkus und viele andere bieten alles auf, was gute Krimis brauchen: Es wimmelt von Drogenfahndern, Polizisten, Staatsanwälten und vor allem: von vielen, vielen bösen Tätern.

Zu den Tatorten in Bielefeld, Detmold, Gütersloh, Paderborn usw. gibt's jede Menge Lokalkolorit. Nicht nur unterhaltsam, wenn Du in der Gegend lebst, aber dann natürlich umso spannender, da Du auf

Schritt und Tritt auf bekannte Orte stößt. Ein herrlich bitterböses Pfund Literatur.

Renée Pleyter: Tödlicher Hermannslauf (Pendragon Verlag)

Der Hermannslauf vom Hermannsdenkmal zur Sparrenburg ist in OWL ein sportliches Großereignis. Zwei erbitterte Konkurrenten, in diesem Fall sogar Erzfeinde, sind unter den Läufern: Felix Mehlbaum, der talentierte, strebsame, vom Glück Verwöhnte und Stefan Weidinger, der aus armen Verhältnissen stammt und sich bereits in der Schule nicht gerade als ein Überflieger erwiesen hat.

Beide sind inzwischen Archäologen und jeder von ihnen vertritt eine andere Theorie zur Varusschlacht. Weidinger ist überzeugt, dass sie in Niedersachsen stattgefunden hat, Mehlbaum glaubt, Schauplatz muss Ostwestfalen gewesen sein. Als Mehlbaum am Rande der Laufstrecke ein Indiz findet, das seine These stützen könnte, eskaliert die Situation. Aus dem sportlichen Ereignis wird ein mörderischer Lauf, ein Kampf um Leben und Tod. Spannend bis zur Zielgeraden!

© Pendragon Ve[rlag]

Lisa Glauche und Matthias Löwe: Tod an der Sparrenburg (Pendragon Verlag)

Das Krimiautoren-Duo Lisa Glauche und Matthias Löwe stellt uns Bröker (möglicherweise ohne Vorname geboren?) vor, einen Privatier, der in einem der besten Viertel Bielefelds wohnt und eigentlich vor allem gerne gut isst. Seine Ruhe wird gestört, als er aus der Zeitung vom Tod seines Nachbarn erfährt. Angeblich erlitt der einen Herzinfarkt. Aber wieso gerade Schwackmeier, der so gesund lebte? Auch die

© Pendragon Verlag

Umstände scheinen rätselhaft: Warum deckt jemand den Tisch wie für ein großes Fest, um dann allein zu speisen? Was hatte die Flasche Wein bei dem überzeugten Antialkoholiker verloren? Das sind zu viele unbeantwortete Fragen für den behäbigen Bröker und schneller als ihm lieb ist, steckt er mitten in der Detektivarbeit. Ganz nebenbei lernen wir noch jede Menge über Bielefeld, die Sparrenburg und die wechselhafte Geschichte der Arminia ...

Siegrid Lichtenberger: Begegnungen in Bielefeld (Pendragon Verlag)

© Pendragon Verlag

Sensibel, einfühlsam und sprachlich beeindruckend widmet sich Siegrid Lichtenberger Bielefelder Stadtgeschichten. Die Autorin zeigt das (historische) Wechselspiel zwischen der Stadt und ihren Bewohnern und erzählt Geschichten, die bis heute nichts an Aktualität eingebüßt haben. Wir treffen Menschen, die vor langer Zeit in Bielefeld gelebt haben und nehmen erstaunt zur Kenntnis, dass ihre Beschreibungen und Analysen noch heute gültig sind. Ein anregend unterhaltsames Buch, das hift, die Entwicklung der Stadt bis in die Gegenwart besser zu verstehen.

Volker Backes, Andreas Beune, Sacha Brohm, Jens Kirschneck, Matthias Schönebäumer: Zirkeltraining (Verbrecher Verlag)

© Verbrecher Verlag

Monat für Monat ließen Bielefelder Autoren im Restaurant „Hammer Mühle" ihr Publikum wissen, was sie in den vergangenen Wochen bewegt hat und wie sie das Leben so sehen. Mittlerweile treffen sich die Schreiberlinge zwar nur noch einmal im Jahr zum „Zirkeltraining", die Geschichten von Volker Backes, Andreas Beune, Sacha Brohm, Jens Kirschneck und Matthias Schönebäumer wurden aber erfreulicherweise gesammelt und sind mit diesem Buch in gedruckter Form erschienen. Absolut lesens- und liebenswert!

Filmreifes Bielefeld

DIE BIELEFELD-VERSCHWÖRUNG (Medienpädagogisches Labor, Fakultät der Erziehungswissenschaft der Universität Bielefeld)

Der Film entstand im Jahr 2010 und will in James-Bond-Manier klären, was es mit der (Nicht-) Existenz von Bielefeld auf sich hat. Eines ist klar: Eine geheimnisvolle Organisation kontrolliert die Stadt. Megalomane Bösewichte wollen ihre schreckliche neue Waffe ausgerechnet an Bielefeld ausprobieren. Warum gerade an Bielefeld? Weil niemand diese Stadt vermissen würde, so sind sich die Verbrecher einig.

An den Dreharbeiten im Jahr 2009 nahm der Kieler Informatiker Achim Held teil. Er ist der Urheber des Running Gags rund um die Verschwörungstheorie, hat er doch im Jahr 1994 das Gerücht ins Internet gestellt, bei Bielefeld handle es sich tatsächlich um ein „Bielefake". Die Idee ist angeblich 1993 auf einer Studentenparty entstanden. Nach der Äußerung eines Feiernden, er käme aus Bielefeld, frotzelten andere: „Die Stadt existiert doch gar nicht!" Ortsschilder, das Wahrzeichen Sparrenburg, die Uni (längst entlarvt als getarntes Raumschiff) – alles nicht echt!

Aus der Geschichte wurde dann ein erstaunlich großes Projekt, getragen von den Medienpädagogen Thomas Walden, der für das Drehbuch verantwortlich ist, und Fabio Magnifico sowie dem Kameramann Alexander Böke. Haupt-

Ist das wirklich Bielefeld?

darsteller sind Julia Kahl (Dr. Rita Lihn) und Thomas Huber (Ashtar Sheran). Herausgekommen ist ein Spielfilm von über 100 Minuten. Die Dreharbeiten fanden an 40 Drehtagen in Bielefeld und Griechenland statt, 1000 Statisten kamen zum Einsatz. Inzwischen ist ein zweiter Teil in Planung!

Wilsberg: Die Bielefeld-Verschwörung (ZDF)

Echt oder nur Kulisse?

In der 35. Folge der Fernsehfilmreihe Wilsberg müssen sich die Protagonisten überraschend mit der Stadt Bielefeld befassen. Ein gewisser Nils Erdel wendet sich an den Privatdetektiv und bittet um dessen Unterstützung.

Er behauptet, unmittelbar vor der Aufklärung der Bielefeld-Verschwörung zu stehen und sich daher in höchster Gefahr zu befinden. Schon kurz darauf erliegt Nils einem Herzinfarkt. Eine Obduktion ergibt, dass es sich um Mord handelt: Der Tote hatte eine Injektion erhalten, deren Wirkstoff zu einer tödlichen Steigerung von Blutdruck und Herzfrequenz führte.

Doch am Ende ist alles nur noch halb so mystisch: Tatsächlich treibt eine Gruppe Krimineller die Verschwörung voran, um durch Merchandising davon zu profitieren. Es geht weniger um Außerirdisches und Unerklärliches als vielmehr um Baugenehmigungen, illegale Müllentsorgung und unangenehme Gutachten.

Kleiner Gag am Rande: In einer Szene werden im Hintergrund in einem Treppenhaus zwei Klingelschilder sichtbar: "Boerne" und "Thiel" ist auf ihnen zu lesen – eine nette Hommage an die beiden ungleichen Fahnder aus dem Münsteraner Tatort!

//234 Bielefeld fiktiv

Tödlicher Hermannslauf
~~Stirb stilvoll~~
Zirkeltraining

Eine richtig gelungene Wilsberg-Folge, in der Du Kommissar Overbeck unter dem Einfluss von Halluzinogenen und mit „Men in Black"-Sonnenbrille zu sehen bekommst!

Bielefeld. Stirb stilvoll (art & entertainment net, Daniel Mechling)

Hier scheinen alle Ähnlichkeiten und Verbindungen mit Agatha Christies „Mord im Orient-Express" sehr gewollt: Sechs Charaktere, wie sie unterschiedlicher nicht sein könnten (ein Ehepaar, bei dem das Feuer der Liebe nur noch zart zu glimmen scheint, ein Wodka-Produzent, ein Industrieller, eine junge Lady und der Steward des Salonwagens) treffen auf ihrer Reise von Luxemburg nach Bielefeld(!) im „Königlichen Express" aufeinander.

Ein Mord geschieht, zwei weitere werden aufgeklärt und so manches Geheimnis ist am Ende keines mehr ... Skurrile Low-Budget-Produktion von Regisseur Daniel Mechling aus dem Jahr 2010.

Muss Ja! Typisch OWL
(Dr. Thomas Walden, Dr. Petra Pansegrau)

Wem schlägt hier die letzte Stun

Die Kreativwerkstatt Medien der Universität Bielefeld hat unter der Leitung der beiden Medienwissenschaftler Thomas Walden und Petra Pansegrau ein Filmprojekt über die Region OWL und die Eigenarten seiner Bewohner ins Leben gerufen. Dafür konnten Sie u.a. den Kabarettisten Harald Meves gewinnen.

Mithilfe von witzigen Interviews auf der Straße und dem Nachstellen historischer Ereignisse (z.B. mit Playmobilfiguren) entstand ein

Film, der nicht nur äußerst unterhaltsam ist, sondern auch beweist, dass der Ostwestfale durchaus in der Lage ist, über sich selbst zu lachen.

Die Veröffentlichung auf DVD ist noch in Planung, wird aber bestimmt demnächst folgen.

typischer Ostwestfale ...

Udo Lindenberg: Rätselhaftes Bielefeld
(auf der Audio CD „Sister king kong", Warner Music Group Germany Holding GmbH / Hamburg, 2002)

Lieder über Bielefeld sind natürlich auch einige im Umlauf. Selbst Udo Lindenberg sang bereits 1976: „Und sehen wir uns nicht in dieser Welt, dann sehen wir uns in Bielefeld!" Was er damals wohl damit meinte? Nun ja, Du wirst es vor Ort sicher bald herausfinden.

Käsemauke Pillepoppen
Pillepoppen
Ömmes
nöckelich
Pinöckel
nöckelich
Pill
Nöckelich
Pillepo
dune

Sprachregeln und nützliche Vokabeln

Ömmes
dune
Ömmes
Pinöckel
Käsemauken
Nöckelich
Pillepoppen
Ömmes
dune
Pinöckel
Käsemauken

Sprachregeln

Bielefeld spricht Standarddeutsch, zumindest behaupten das seine Bewohner. So ganz stimmt das aber natürlich nicht, denn auch die Bielefelder pflegen ihre eigene Sprache. Zwar wird der ostwestfälische Dialekt kaum noch gesprochen, regionale Färbungen gibt es aber dennoch, die neben einigen nicht zu vernachlässigenden Aussprache- und Grammatikregeln auch jede Menge eigene Vokabeln aufweist. Als Bielefeld-Neuling solltest Du Dir die unbedingt aneignen, um im Alltag zu bestehen. Bist Du hier in der Gegend aufgewachsen, hat man Dir die meisten schrägen Wörter schon in die Wiege gelegt und Dir kommt das alles ganz normal vor. Alle anderen finden auf den nächsten Seiten eine kleine Nachhilfe zur Sprache in Ostwestfalen.

 ### § 1 Zum Einstiech: Die Aussprache

Die Fachwissenschaftler nennen es G-Spirantisierung im Auslaut. Was so kompliziert klingt, ist eigentlich ganz einfach. Wenn am Ende eines Wortes ein „g" steht, das auf einen Vokal folgt, dann wird das „g" zum „ch" wie in „ich" („Ich-Laut") oder zum „ch" wie in „Ach" („Ach-Laut"). Du sagst also: „Der Könich fährt wenich mit dem Zuch!", wenn Du sagen willst, dass der König selten Zug fährt.

 ### § 2 Der Genitiv ist dem Bielefelder seine Spezialität

Um den Genitiv zu umgehen, wird häufig das Possessivpronomen verwendet. Es heißt dann zum Beispiel nicht „Das ist das Körbchen des Hundes", sondern „Das ist dem Hund sein Körbchen!"

 ### § 3 Man hat's gerne niedlich – das Diminutiv

Als Bielefelder liebst Du es, wo immer es möglich ist, die Verkleinerungsform zum Einsatz zu bringen. Dazu hängst Du einfach die Silbe „-ken" an Deine Substantive an – dann liegst Du eigentlich schon richtig. Der Wortstamm verändert sich dabei genau wie im Standarddeutschen, wo ja zu diesem Zweck die Silbe „-chen" angefügt wird. So heißt das Haus in Bielefeld beispielsweise „Häusken" und der Pullover „Pullöverken". Aber Vorsicht: „Bütterken" heißt nicht etwa kleine Butter, sondern steht für ein belegtes Butterbrot.

§ 4 Doppelt genäht hält besser – die Negation

Wenn Du betonen möchtest, dass etwas absolut nicht zutrifft, nutzt Du als echter Bielefelder die spezielle bielefelder doppelte Verneinung. So sagst Du zum Beispiel: „Der hat auch keine Ahnung hatter nich!"

§ 5 Gewöhnungsbedürftig – die Idiome

Einige Sprichwörter und feststehende Redewendungen haben den Eingang in die Umgangssprache der ostwestfälischen Metropole gefunden. So kannst Du beispielsweise jemanden, der nicht so richtig in die Gänge kommt, folgendermaßen ansprechen: „Komm endlich aus'm Quark!"

Eine weitere (leicht misszuverstehende) Aussage ist: „Kann ich bei Dir mit rausgucken?" Das bedeutet aber nicht etwa, dass Du mit jemandem zusammen aus dem Fenster gucken willst, sondern ganz im Gegenteil in etwas mit reinschauen möchtest – und zwar in die Unterlagen z.B. Deines Sitznachbarn im Unterricht, Seminar oder während einer Fortbildung.

Du willst sprechen wie die echten Bielefelder? Mit diesem Buch gelingt Dir die Einbürgerung in Nullkommanix:

Matthias E. Borner: Pömpel, Patt und Pillepoppen: Grundwortschatz zum Überleben in Bielefeld

Vox-Rindvieh-Verlagsunion 2007, 9,90 Euro

Vokabeln für den Alltag

Bömmsken	Bonbon
Brass	Ärger, Stress
Butze	kleine Wohnung
döppen	jemanden mit dem Kopf unter Wasser tauchen
dösich	dumm
drömeln	trödeln, klüngeln
dröge	uninteressant, trocken
dune	angetrunken
durch sein	sich auf den Heimweg machen
fisseln	leicht regnen
friemeln	zurechtrücken
Gesocks	Gesindel
Jürmke	Jöllenbeck
käsemauken	Schweißfüße
knülle	betrunken
massich	reichlich
Modder	Matsch
nöckelich	grummelig

nölen	meckern
Ömmes	großer Gegenstand
Patt	schmaler Weg
picheln	sich schnell betrinken
Pillepoppen	Kaulquappen
Pinöckel	kleines Ding
pladdern	regnen
Pölter	Schlafanzug
Pömpel	Pfeiler, aber auch Saugglocke, mit der man Verstopfungen im Abflussrohr beseitigen kann
Schlürschluck	Absacker
Schmacht	Hunger
suppeln	trinken
tapern	gehen
verdorrich noch eins	verdammt noch mal
vergackeiern	auf den Arm nehmen, mit jemandem scherzen
vermackeln	kaputt machen, ramponieren, ankratzen
wo bisse wech?	wo kommst Du her?

Deine Bielefeld-Notizen

Bildnachweis Titel:

© rap verlag, Fotos: Amélie Marguerite Förster, Uwe Kersting

Bildnachweis Inhalt:

Die Bildrechte liegen beim Verlag. Abweichende Bildrechte:
S. 11-13, 16-18, 20-22, 25-36, 38, 40-57, 64, 131 u. © rap verlag, Fotos: Amélie Marguerite Förster; S. 14, 119 © BBF – Bielefelder Bäder und Freizeit GmbH; S. 19, 138 © Sportland Dornberg – Event & Consult Seemann KG; S. 37, 39, 172, 222 u., 223, 233-235 © Uwe Kersting; S. 62 © ADFC Bielefeld-Thorsten Böhm; S. 86 © Deine-Eisb@r.de/Deine-Heissb@r.de; S. 87, 116, 130, 165, 192, 196, 198, 210-211 © Bielefeld Marketing GmbH; S. 93 © Kuyu; S. 100 © Lechtermann – Poßlmeier Bäckereien GmbH & Co. KG; S. 103 © M KAFFEE; S. 108 o. © Herforder Brauerei; S. 108 u. © WARSTEINER Brauerei Haus Cramer KG; S. 109 © Privatbrauerei Strate Detmold GmbH & Co. KG; S. 120 © Raphael Rohe (www.rohe-design.de) / pixelio.de; S. 126, 153 © Düne 13; S. 129, 176 o. © Interakteam GmbH; S. 131, 141-143, 202 © Susanne Freitag; S. 144, 186 © Paintballhalle Brake; S. 150 © FC Gastro GmbH; S. 151 © Stadtpalais Bielefeld; S. 162 l. © Café im Bürgerpark; S. 162 r. © fabricart; S. 164 © Café Knigge; S. 173 o. © Heimat-Tierpark Olderdissen - Stelzer Foto; S. 174, 222 o. © Dr. August Oetker Nahrungsmittel KG; S. 176 u. © Paintballarena Bielefeld; S. 178 © Gerald Paetzer; S. 179, 191 © Mike Rehm; S. 183 © Lichtwerkkino - Foto-Reiner Witt; S. 187 © Mobiles Theater Bielefeld; S. 188 © Theaterlabor – „Smash Cut Freeze", Tom Dombrowski; S. 190 © Seidensticker Halle - Nitschke Fotografen; S. 193 © Stadthalle Gütersloh; S. 194 © Quintenkomplott - Peter Kölsch; S. 195 © Wäschefabrik Museum - Axel Grünewald; S. 199 © Preußen Museum NRW; S. 201 © Felix-Nussbaum-Haus, Foto: Angela von Brill; S. 204 o. © Die Druckerei; S. 204 u. © Bielefelder Tanzfestival; S. 206 © Serengeti Festival; S. 212, 219 u. © Netzwerk lesbischer und schwuler Gruppen in Bielefeld e.V.; S. 213 © Foto: Sven Nieder; S. 220 © Bielefeld Marketing GmbH/Topel; S. 226-227 o., 228 o., 229-231 o. © Pendragon Verlag; S. 227 u. © Gmeiner Verlag; S. 228 u. © Emons Verlag Köln; S. 231 u. © Verbrecher Verlag;

Der Verlag bedankt sich bei allen Institutionen und Firmen, die Informationen und Fotos zur Verfügung gestellt haben. Die entsprechenden Rechte verbleiben bei den jeweiligen Rechteinhabern.